英國全景圖

ATLANTIC
OCEAN

Scotland

North Sea

Edinburg

Northern Ireland
Belfast

Irish Sea

IRELAND

Wales

Celtic Sea

Cardiff

England   Cambridge

Oxford

London

Windsor

The English Channel

FR

目錄

人氣景點快搜

牛津街
Oxford Street 1-9

蘇豪區
Soho 2-3

皮卡迪利廣場
Piccadilly Circus 2-3

西敏寺教堂
Westminster Abbey 3-5

大笨鐘
Big Ben 3-7

維多利亞火車站
London Victoria 3-8

白金漢宮
Buckingham Palace 3-9

倫敦眼
London Eye 4-2

碎片大廈
The Shard 4-7

波羅市場
Borough Market 4-7

大英博物館
British Museum 5-2

聖保羅大教堂
St. Paul's Cathedral 5-6

考文特花園
Covent Garden 6-3

倫敦塔
Tower of London 7-3

倫敦塔橋
Tower Bridge 7-4

海德公園
Hyde Park 9-4

倫敦機場往返市區交通圖

倫敦希斯路機場 Heathrow Airport

乘 Heathrow Express 往市區

每15-20分鐘一班，來往市中心至T1、T2、T3約15分鐘；至T4、T5約20分鐘，繁忙時間25鎊，非繁忙時間22鎊

從T4、5乘免費機場接駁巴至T1、2、3

乘地鐵藍色 Piccadilly Line 往市區

前往市中心約需50分鐘，使用 **Oyster Card** 由3.1鎊至5.1鎊不等

乘 TFL Rail 往市區

每30分鐘一班，來往市中心及T1、2、3約25分鐘，至 Paddington 10.2鎊

於 Central Bus Station 乘巴士

英國各地

沿線 Piccadilly Circus、St. Pancras 等站

Paddington Station

Southall
Ealing Broadway
Hanwell
Hayes & Harlington
West Ealing

Heathrow Express www.heathrowexpress.com
London Underground / TFL Rail tfl.gov.uk
Oxford Bus Company airline.oxfordbus.co.uk
National Express www.nationalexpress.com

倫敦新事

世界最大LEGO店
Lego萊斯特廣場旗艦店

【2022年8月開幕】

交：乘地鐵 Piccadilly 線至 Piccadilly Circus 站，
出站後步行 3 分鐘

位於萊斯特廣場（Leicester Square）的Lego旗艦店，經過數月的裝修，終於在2022年8月開業，並重奪「世界最大LEGO店」的美譽。

Lego旗艦店共兩層，總面積達805平方米。而店內的展覽區，不以英國的地標，而是重塑英國古今知名人物，包括哈利波特、莎士比亞及占士邦等。另外為慶祝品牌誕生90周年，店內加設「90 Years of Play Walkthrough」，回顧90年來的經典設計，Lego迷不可錯過。

地址：3 Swiss Ct, London W1D 6AP
時間：10:00am-10:00pm，週日 12:00nn-6:00pm
電話：020-7839-3480
網頁：www.lego.com/en-se/stores/store/london-leicester-square

倫敦新地鐵線
【2022年5月營運】
伊利沙白線 Elizabeth line

伊利沙白線是倫敦市最新的地鐵支線，剛於2022年5月24日通車，以已故英女皇伊利沙白二世命名，更是由香港的港鐵全資子公司負責營運。新線長逾100多公里，共設有41個車站，貫穿希斯羅機場、柏靈頓站（Paddington）、托定咸宮路站（Tottenham Court Road）及利物浦街（Liverpool Street）等大站，令出行更加方便。

營運時間：每日 4:44am-1:36am

ELIZABETH LINE

親臨歷史現場

【 2022年5月開始 】

The Gunpowder Plot: The Immersive Experience

地址：8-12 Tower Hill, London EC3N 4EE
時間：11:00am-9:30pm，每天時間不同
票價：40-70 英鎊，周一至日票價有別
網頁：https://gunpowderimmersive.com/

交：乘地鐵至 Tower Hill 站，下車即達

The Gunpowder Plot 火藥陰謀是倫敦最新的 VR 虛擬遊戲，故事以發生於1605年的歷史事件「The Gunpowder Plot」為藍本，極端分子試圖炸毀英國國會大廈及行弒英國國王詹姆士一世。遊戲玩家會親歷當時的場景參與整個過程，五感都會體驗栩栩如生的感受連場大火與爆炸，既緊張又刺激。

經典帆船大冒險
Cutty Sark Rig Climb

交：乘單軌列車 DLR 至 Cutty Sark 站下車即達

【 2022年4月開始 】

雖然倫敦沒有近似悉尼攀登大橋的高空體驗，但卻發明了攀登帆船桅杆的活動。這艘鼎鼎大名的帆船卡蒂薩克號（Cutty Sark），自1954年已被移至格林威治展出。2022年，遊客除了參觀船艙，更可以向高空發展，藉助繩梯在船上的雄偉桅杆上攀登，俯瞰倫敦市。

地址：King William Walk, London SE10 9HT
時間：10:00am-5:00pm　票價：成人 41 英鎊、小童 26 英鎊
網頁：www.rmg.co.uk/cutty-sark/attractions/
cutty-sark-rig-climb-experience

真人大富翁
Monopoly Lifesized

【 2021年8月開幕 】

交：乘地鐵 Northern 線至 Goodge Street 站，
出站後步行 3 分鐘

歷久不衰的大富翁再添新意，這次玩家不再控制棋子，而是真正落場與其他參賽者一較高下。玩家憑著分配的代幣收集資產，興建房屋及酒店，不時需要抽機會命運卡，一不小心甚至銀鐺入獄。遊戲場景佈置非常有心思，是一班朋友喪玩的好去處。

地址：213-215 Tottenham Ct Rd, London W1T 7PS
時間：12:00nn-11:00pm　票價：69 至 74 英鎊
網頁：ww.monopolylifesized.com

英國
6大搵食地

新鮮早市
Brockley Market

🚇 Overground至St Johns站步行2分鐘

Brockley Market位於Lewish-am大學的停車場，是當地人最喜歡的小吃市場之一。每個攤主都選用當地生產最新鮮的食材製作美食，無論是水果、蔬菜、麵包、芝士和甚至是各種肉類都能在這找到！

地 : Lewisham College Car Park, Lewisham Way, London, SE4 1UT 　　網 : www.brockleymarket.com

時 : 週六10:00am-2:00pm

人氣美食朝聖地
Borough Market

🚇 London Bridge火車站步行5分鐘

倫敦市區中相當有名的百年市集，這裡分了幾區售賣不同種類的商品，包括農產品的集中地，由各類蔬菜、麵包芝士、禽畜至海鮮一應俱全。另外有來自世界各地的街頭熟食，所以深受本地人及遊客歡迎。

地 : 8 Southwark St, London SE1 1TL

時 : 週一至四10:00am-5:00pm，週五至6:00pm，
　　週六8:00am-5:00pm，週日休息

電 : 020-7407-1002

網 : http://boroughmarket.org.uk

本地人推薦
Maltby Street Market

🚇 地鐵London Bridge站或Bermondsey站步行約15分鐘

距離Borough Market不遠，但卻少了濃厚的商業味。一條小街掛滿了各國國旗，氣氛非常好。食物選擇很多，包括倫敦人氣麵包店 St John's Bakery、Monty's Deli的三明治及 African Volcano 的燒牛肉及辣雞。

地 : 37 Maltby St, London SE1 3PA

時 : 週一至週五12:00pm-2:30pm，週六及週日
　　10:00pm-5:00pm

網 : www.maltby.st　　電 : 020-7394 8061

London Bridge 新市集
Flat Iron Square

🚇 London Bridge火車站步行7分鐘

Flat Iron Square由二級歷史建築Devonshire House改建而成,佔地四萬平方尺。裡面有十多間酒吧、美食車、餐廳等,另外設有戶外區及Live Band表演,每逢週末亦有跳蚤市場,氣氛一流。

地：68 Union St, London SE1 1TD
時：12:00nn-11:00pm,週一休息
電：020-3179-9800
網：www.flatironsquare.co.uk

老牌市集
Berwick Street Market

🚇 地鐵Piccadilly線至Piccadilly Circus站步行10分鐘

位於Soho區的Berwick Street Market營運至今已經超過100年,是市中心僅存的新鮮蔬果市場,市場內有賣蔬菜、生果、海鮮、麵包、芝士、香料等,新鮮又便宜,亦有不少街道小食。

地：Berwick Street, London W1F 0PH, United Kingdom
時：週一至週六8:00am-6:00pm
網：www.facebook.com/BerwickStreetMarket

貨櫃商場
Boxpark Shoreditch

🚇 Overground至Shoreditch High Street站步行2分鐘

Boxpark是全世界第一個貨櫃商場,由61個小貨櫃箱組成,一樓主要潮流服飾,二樓則是餐飲美食及酒吧。

地：2-10 Bethnal Green Road, London E1 6GY
時：週一至週六11:00am-11:00pm,
　　週日12:00nn-10:00pm
網：www.boxpark.co.uk　電：020-7033 2899

夜遊倫敦 ★★★

人人都說覺得倫敦很悶，的確！大部分店舖準時六、七點就關門，而星期日就更會提早休息，對於生活在繁忙都市的我們肯定不太習慣，但假如你懂得去發掘的話，倫敦也有很多地方愈夜愈精采！

Night Tube 地鐵

倫敦地鐵有專門為一眾貓頭鷹而設的 Night Tube，於每個週五、週六的5條地鐵線通宵行駛，以後再也不用趕尾班車或捱貴的！車資與非繁忙時段相同，手持1日 Travelcard 的乘客於凌晨4:30前入閘亦當即日計算。

 Jubilee line (每10分鐘一班，停駛所有車站)

Victoria line (每10分鐘一班，停駛所有車站)

Central line (White City 至 Leytonstone 每10分鐘一班；Ealing Broadway 至 White City、Leytonstone 至 Loughton/ Hainault 每20分鐘一班)

 Northern line (Morden 至 Camden Town 每8分鐘一班；Camden Town 至 High Barnet / Edgware 每15分鐘一班 Mill Hill East 及 Bank 支線並無服務)

 Piccadilly line (Cockfosters and Heathrow Terminal 5每10分鐘一班；Terminal 4、Acton Town 至 Uxbridge 並無服務)

另外，以下班次的巴士亦設通宵行駛服務，每小時兩班，W7路線更是每小時三班。
34、114、123、145、158、183、296、307、319、E1、H32、W3、W7

24小時電話熱線：0343-222 1234　　　　　**網頁：https://tfl.gov.uk**

倫敦南部 POP Brixton 美食市集

交：☀ 🌙 地鐵 Victoria 線 Brixton 站步行4分鐘

POP Brixton 是一個以貨櫃搭建而成的美食空間，除了提供漢堡、PIZZA 等西式快餐之外，還有日本拉麵、越南河粉等美食，現場更有 DJ 播放音樂，場內亦有小攤位擺賣服飾。Brixton 同區還有 Brixton Village、Market Row 等商店街，匯集了各國美食小餐館，每逢週六街上舉辦著各種活動，包括跳蚤市場、街頭藝人表演等。

地址：49 Brixton Station Rd, London SW9 8PQ
電話：020-7274-2902
時間：9:00am-11:00pm
網頁：www.popbrixton.org

人氣天台酒吧 The Rooftop

交 : ☼ ☽ 地鐵 Northern 線至 Charing Cross 站步行2分鐘

The Rooftop 是屬於 Trafalgar Hotel 內的屋頂酒吧，位處於特拉法加廣場的正旁邊，一面看著熙來攘往的鬧市，另一面則眺望倫敦眼。酒店一年四季都人潮爆滿，春夏季時可在戶外享受明媚陽光，冬天時候戶外會提供暖爐及毛毯。

下午時分可看到熙來攘往的特拉法加廣場。

地址 : 2 Spring Gardens, London SW1A 2TS
電話 : 020-7870 2904
時間 : 週一至週四 12:00nn-12:00mn，週五至週六
　　　 12:00nn-1:00am，週日 12:00nn-11:00pm
　　　（逢週四至週六 5:00pm 後只限 21 歲以上人士進入）
網頁 : https://trafalgarstjames.com/the-rooftop

全天候噴油封鴨 Duck & Waffle

交 : ☼ ☽ 地鐵 Central 或 Circle 線至 Liverpool Street 站步行5分鐘

Duck & Waffle 由開業於今，人氣從未退減。餐廳位於 Heron Tower 的頂層40樓，是倫敦絕無僅有的24小時餐廳，即是說可以輕鬆飽覽倫敦的日與夜。靚景以外，餐廳同樣注重材料的品質，而最多人點的就是同名招牌菜 Duck & Waffle 油封鴨腿配窩夫，鴨腿皮脆肉嫩，份量及價錢合理！

地址 : 110 Bishopsgate, Heron Tower, 110 Bishopsgate, London EC2N 4AY
時間 : 週二至週四：7:00am-1:30am；週五至週一：24 小時
費用 : 25-35 英鎊　　　　網頁 : http://www.duckandwaffle.com　　　電話 : 020-3640-7310
備註 : 有服裝規定 (Dress code)，穿著短褲、運動裝、拖鞋不得進入

英式早餐做宵夜 Polo Bar

交 : ☼ ☽ 乘地鐵 Central 或 Circle 線至 Liverpool Street 站，出站後步行2分鐘

Polo Bar 開業於1953年，以家庭式經營，所有食材都是來自本土，絕非急凍貨，一定新鮮，就連香腸都是由供應商依照自家食譜出產，最重要是價錢親民。而 English Breakfast 的各種搭配組合亦可任君挑選，樣樣食物都充滿正宗的英國味道。

地址 : 176 Bishopsgate, London, EC2M 4NQ
時間 : 24 小時
電話 : 020-7283 4889
網頁 : http://polo24hourbar.co.uk

超Chill市集 Flat Iron Square

交：☀ ☽ 地鐵 Jubilee 或 Northern 線至 London Bridge 站步行7分鐘

近年開幕的 Flat Iron Square 由二級歷史建築 Devonshire House 連七個鐵路底拱門改建而成，佔地四萬平方尺，集美食及跳蚤市場於一身。裡面有十餘間酒吧、餐廳、幾台美食車，亦設有戶外區及 Live Band 表演，氣氛極佳！另外每逢週末亦有跳蚤市場，由古著到二手相機都有，可以慢慢尋寶。

Pancake專門店 Where The Pancakes Are,有超過15款鹹甜 Pancake，配搭新穎。

每逢週末有跳蚤市場。

地址：45 Southwark Street, London SE1 9HP
電話：020-3179-9800
時間：週二至週六 12:00nn-11:00pm，週日 12:00nn-8:00pm（逢週一休息）
網頁：www.flatironsquare.co.uk

浪漫玻璃屋 Coppa Club

交：☀ 地鐵 Circle 或 District 線至 Tower Hill 站步行8分鐘
☽ 地鐵 Jubilee 或 Northern 線至 London Bridge 站步行7分鐘

Coppa Club 是知名的連鎖餐廳旗下位於倫敦塔的分店，戶外有八間如同水晶球一樣的玻璃屋，除了不怕寒冬及下雨天，還能一覽無遺欣賞泰晤士河畔風光、遠眺倫敦塔橋的夜景。如此絕妙的用餐體驗，非常值得去打卡拍照！

地址：Coppa Club, 3 Three Quays Walk, Lower Thames Street, London, EC3R 6AH
電話：020-8016-9227
時間：週一至週四 9:00am-11:00pm，週五及週六至 11:30pm，週日至 10:00pm
網頁：www.coppaclub.co.uk/towerbridge

土耳其烤肉店 Somine

交：☼ ☽ Overground 至 Dalston Kingsland 站步行4分鐘

　　Somine 每日營業至凌晨一兩點，供應地道的 Homemade 土耳其小菜，餐廳雖然不是24小時營業，但試想半夜能夠坐得舒適又吃到惹味的串燒，配上一杯啤酒，一夜的疲累也盡消。如果深夜在這家店附近，不妨一試。

地址：131 Kingsland High Street, London E8 2PB
電話：020-7254-7348
時間：週日至四 9:00am-1:00am，
　　　週五至六 9:00am-2:00am
網頁：http://somine-restaurant.co.uk

靚景酒吧 Aqua Shard

交：☼ ☽ 地鐵 Jubilee 或 Northern 線至 London Bridge 站步行7分鐘

　　位於倫敦最高建築物 The Shard 31樓上的 Aqua Shard，是充滿英國風格的餐廳及酒吧。由早、午、晚餐到下午茶、Brunch 及甜品，全都採用本地新鮮食材，而且最大賣點當然是邊進餐邊將倫敦的美景和地標收於眼底。窗邊觀景區大多是晚餐訂位的預約座，但如果只是小酌一杯並不需要預約。

地址：Level 31, The Shard, 31 St. Thomas Street, London SE1 9RY
電話：020-3011-1256
時間：（早午餐）週六至週日及公眾假期 10:30am-2:30pm；（午餐）週一至週五 12:00nn-2:30pm；（下午茶）週一至週日及公眾假期 12:15nn-3:15pm；（晚餐）週日至週四 6:00pm-10:00pm，週五及週六至 10:30pm；（酒吧）週日至週三 12:00nn-11:00pm，週四至週六 12:00nn-1:00am
網頁：https://aquashard.co.uk/experience
備註：有服裝規定 (Dress code)，穿著短褲、運動裝、拖鞋不得進入

醫肚救星 VQ BLOOMSBURY

交：☼ ☽ 地鐵 Northern 線至 Tottenham Court Road 站步行2分鐘

　　VQ在倫敦一共有3家分店，餐廳主要提供各式西餐，包括 All Day Breakfast、意粉、Pizza、漢堡包及三文治等，而且亦有酒牌，是不少本地人深宵肚餓時的救星。

地址：111A Great Russell St, Fitzrovia, WC1B 3NQ
電話：020-7636-5888
時間：週一至週二 9:00am-11:00pm，週三至週日 9:00am-5:00am
網頁：www.vqrestaurants.com

藍調音樂餐廳 The Blues Kitchen

交：☼ ☽ 地鐵 Northern 線至 Camden Town 站，出站後步行約5分鐘即達

　　The Blues Kitchen 是喜愛聽藍調音樂者不可錯過的選擇。據說，早期的爵士樂多以藍調為主，也有人形容藍調是爵士樂的根，如想細聽兩者之分別，不妨前來欣賞一下。由於每晚都會請來不同嘉賓作現場表演，聽眾們邊聽邊飲，令現場氣氛更熱鬧，建議先於網上查看表演名單，揀選自己的心水樂隊才來捧場。

地址：111-113 Camden High St Camden London NW1 7JN
電話：020-7387-5277
時間：週一至週二 12:00nn-12:00mn，週三及週四至 1:00am，週五至 2:00am，週六 10:00pm-3:00am，週日至 1:00am
網頁：https://theblueskitchen.com

泰晤士河畔酒吧 12th KNOT

交 : ☼ 地鐵 Circle 或 District 線至 Blackfriars 站步行8分鐘

🌙 地鐵 Jubilee 線至 Southwark 站步行10分鐘

位於在12樓的12th KNOT，從酒吧的戶外陽台一邊看著泰晤士河畔、聖保羅大教堂及金融區的高樓大廈，一邊小酌一杯，感受清爽的微風。

地址：20 Upper Ground London, SE1 9PD
電話：020-3747-1063
時間：週二至週六 5:00pm-1:00am
網頁：https://www.seacontainerslondon.com
備註：有服裝規定 (Dress code)，穿著短褲、運動裝、拖鞋不得進入

24小時 Beigel 老店 Brick Lane Beigel Bake

交 : ☼ Overground 至 Shoreditch High Street 站出站步行 5分鐘

🌙 地鐵 Central 線至 Liverpool Street 站步行12分鐘

以超低價供應美食的 Brick Lane Beigel Bake 是倫敦歷史最悠久的貝果店，其中最受顧客歡迎的是這裡招牌的酸青瓜咸牛肉，配上芥末醬，令每一個品嘗過的人讚不絕口。

地址：159 Brick Lane London E1 6SB　　　電話：020-7729-0616　　　時間：24 小時營業

平遊倫敦 //// 住宿篇

要住得慳儉又不失交通便利，可「瞄準」倫敦最大的酒店區 —— 維多利亞(Victoria)。除了星級酒店，亦有不少家庭旅館 (Bed & Breakfast)，其中 High Street Kensington、Earls Court 和 Gloucester Rd 都有大量中檔酒店提供。該區是倫敦的交通樞紐，往全英的火車及長途巴士都在此集散，超級方便。

倫敦酒店

推介酒店	地址	電話	鄰近地鐵站	價格
Collin House	104 Ebury Street, London SW1W 9QD	020-7730-8031	Victoria	£60 / Twin room
The Z Hotel Victoria	5 Lower Belgrave Street, Victoria, London SW1W 0NR	020-3589-3990	Victoria	£85 / Double room
London House Hotel	81 Kensington Gardens Square, London, W2 4DJ	020-7243-1810	Bayswater	£58 / Twin room

青年旅舍 / 旅館

如果想再慳，可入住青年旅舍(YHA) 或旅館 (Hostel)，雖然要和其他人共用浴室、廁所，但每晚20鎊有找，如果預算不多，值得考慮。

YHA 地址	電話	鄰近地鐵站
14 Noel Street, London, W1F 8GJ	+44 845 371 9133	Oxford Circus
36-38 Carter Lane, EC4V 5AB	+44 845 371 9012	St Paul's
38 Boulton Gardens, Earl's Court, SW5	+44 845 371 9114	Victoria
104 Bolsover Street, London, W1W 5NU	+44 845 371 9154	Great Portland Street
79-81 Euston Road, London, NW1 2QE	+44 845 371 9344	King's Cross / St Pancras

YHA 網頁：www.yha.org.uk

Airbnb

對於預算較少的年輕人，可考慮上 Airbnb 的網頁，找適合自己的民宿。由於是別人放出來的房間，所以變數較多，而且會有一定的風險，但好處是價錢平。

網頁：www.airbnb.com

平遊倫敦 //// 交通篇

想暢遊倫敦市，同時慳得最多，一定要識買 Oyster Card 及 Navigo Dé-couverte (詳見1-3倫敦市內交通之車票種類)，仍然嫌貴？除了走路之外亦有辦法，就是踩單車，倫敦及巴黎各有多達700個單車站，只要於30分鐘內還車，玩足一整天都不過30港紙，抵！

單車遊
Santander Cycles

Start

首先帶同信用卡到最就近的單車站*
*需年滿18歲方可購票，而使用單車的使用者則須年滿14歲

在螢幕上選取「Hire a cycle」，付款後便完成購買單車通行證

列印單車解碼鎖號碼

在10分鐘之內輸入以上解碼鎖號碼取車，如果時間超過10分鐘則需重新列印

顯示綠燈表示成功

Finish

可配合電話應用程式「Santander Cycles」查詢路線及最就近的單車站

首30分鐘收費：免費　　其後每30分鐘收費：2英鎊
24小時單車通行證費用：2英鎊

上網篇 //// 平遊倫敦

Wi-Fi Powered by
The Cloud

Sky wifi /
Street WiFi

Street WiFi
只要在電話亭可看到「WiFi here」的字樣，就可以連接 Street WiFi 上網，可惜每次都要註冊，而且限時30分鐘。

Sky wifi
Sky wifi 的熱點多達10,000個，遍佈全英國的餐廳、咖啡店。只要申請帳號，就可以無限通行！每次要用 WiFi 時，只需輸入電郵和密碼，或下載 Sky wifi Finder 的 App「FastConnect」，就可以連接，非常方便。
申請網頁：www.skywifi.cloud

平遊倫敦 //// 廁所篇

沒錯！身在倫敦人有三急，想上個廁所的時候，記得先看清楚是否需要收費。在倫敦，部分火車站、巴士站會收10至50便士的費用，而自動公廁 (Automatic Public Toilet) 則收取20便士。 小數怕長計，慳埋慳埋隨時可以食多塊炸魚。

倫敦免費公廁
- 機場、公園　　　● 百貨公司
- 各大景點、博物館、教堂
- 參加 Community Toilet 的餐廳、咖啡店 (即使不光顧亦可借用！)

公廁地圖：
www.cityoflondon.gov.uk/services/transport-and-streets/clean-streets/Pages/Public-toilets.aspx

平遊倫敦 //// 飲食篇

在英國能吃到一餐20英鎊以下的美食已經是非常超值，但對於吃慣茶餐廳的香港人還是覺得有點貴！除了吃杯麵或自己煮，還有什麼選擇？

20英鎊或以下

The Rock & Sole Plaice

The Rock & Sole Plaice 是炸魚薯條中的名店，厚切薯條加上香脆炸魚，大份都只是16英鎊，而且保證吃得飽。

地址：*47 Endell St, London WC2H 9AJ*
電話：*020-7836-3785*

Flat Iron

位於 SOHO 的 Flat Iron 不設訂位，店外常年都擠滿等候入座的人，大家為的都是同一個目的，一份靚牛扒加沙律都只是13鎊，倫敦哪裡找？

地址：*17 Beak Street, Soho, London W1F 9RW*

Yalla Yalla

阿拉伯文中的 "Yalla" 是 "Hurry" 的意思，而這店吃的是黎巴嫩菜，食物用上大量香草、芝士及蔬菜，帶濃厚的中東風味，20鎊有找就可以吃得很飽。

地址：*1 Green's Court, London W1F 0HA*
電話：*020-7287-7663*

10英鎊或以下

Franco Manca

Franco Manca 是英國十大 Pizza 店之一，店主來自拿坡里，餅底經過20小時發酵，再用柴火烤，非常香軟，重點是7鎊就有交易！

地址：*4 Market Row, London SW9 8LD*
電話：*020-7738-3021*

Dishoom

混合印度和英國的茶座，價錢不貴，而且餐牌上以印度薄餅 (Naan) 代替麵包，非常有特色。

地址：*12 Upper St. Martin's Lane, London WC2H 9FB*
電話：*020-7420-9320*

Slow Richie's

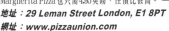

Slow Richie's 賣點是分量特別大，三文治由6.5鎊起，而漢堡由7鎊起。

地址：*18 Peckham Rye, London, SE15 4JR*

Pieminister

英國除了魚和薯條外，還有一樣大眾美食，就是夾雜不同餡料的派，滿足不同人的需要。

地址：*91 LEATHER LANE, LONDON, EC1N 7TS*
電話：*7831-8262*

5英鎊或以下

Pizza Union

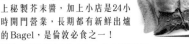

在倫敦有6間分店，包括Holborn、Hoxton、Spitafields、Kings Cross等區，經典12吋 Margherita Pizza 也只需4.95英鎊，性價比甚高。

地址：*29 Leman Street London, E1 8PT*
網址：*www.pizzaunion.com*

Regency Café

裝潢懷舊的 Regency Café 曾於倫敦最佳的早餐餐廳中排名第二，正宗英式早餐價錢跟香港茶記差不多，抵食。

地址：*17-19 Regency St, London SW1P 4BY*
電話：*020-7821-6596*

Beigel Bake

從牛肉到 Bagel 都是自家製，配上秘製芥末醬，加上小店是24小時開門營業，長期都有新鮮出爐的 Bagel，是倫敦必食之一！

地址：*159 Brick Ln, London E1 6SB*
電話：*020-7729-0616*

Bread Ahead

Bread Ahead 是一家烘培學校，主力傳統英式烘培，在 Borough Market 開的第一家店裡，最有名的是超足餡的吉士多甩，每隻只是2.5鎊！

地址：*3 Cathedral St, London SE1 9DE*
電話：*020-7407-7853*

英國平均物價比香港貴是眾所周知的事，但只要懂得挑選便宜好店，買得多都絕對不肉赤！

Poundland、Pound World、Sam 99P

頭兩間商店以「一鎊」作招徠，而Sam 99P更以99便士的優惠價發售。店內全部商品1英鎊有交易，包括零食、飲品、衣物、家品、書刊等等，跟一般超市很像，非常適合背包客或學生等購買日用品。

Poundland & Pound World：
www.poundland.co.uk/
FB：Poundland

跳蚤市場

在跳蚤市場尋寶，是不少人的樂趣，除了便宜之餘，比起大公司規模生產的更獨一無二。倫敦有多個Flea Market，包括Brick Lane Market、Portobello Road Market、Camden Lock Market等，有時間不妨逛逛。

Brick Lane Market：www.bricklanemarket.com
Portobello Road Market：www.portobelloroad.co.uk
Camden Lock Market：www.camdenlockmarket.com

Outlet

Bicester Village絕對是一個令遊客買到手軟的地方，村內匯集過百間名牌折扣專賣店，價錢約是正價的一半，有時會有折上折優惠，最後還可以退稅！

Bicester Village：www.bicestervillage.com

Primark

既然H&M、Zara這些Fast Fashion連鎖時裝店在全球都成行成市，倒不如幫趁本土百貨。Primark是目前英國最大的連鎖時裝店，這裡無論衣飾、家品，都應有盡有，價格更長據低位：一件短Tee只要2鎊、短靴4鎊，晚禮服也不過十多鎊。貨品種類與價錢，絕對技術性擊倒港人熟悉的馬莎百貨。

Primark：www.primark.com

皇室遊蹤

英國皇室的一舉一動都是全國民眾的焦點，無論是小王子的賣萌樣、皇妃的衣著品味，都備受追捧，想最近距離感受皇室？一定不可錯過以下地方！

溫莎城堡 Windsor Castle

白金漢宮 Buckingham Palace
註：2022年不對外開放

白金漢宮和溫莎城堡都是國王的辦公室和住處，每天都吸引遊客前來觀看莊嚴的衛兵交接典禮。假如皇宮屋頂上的旗幟是皇室圖案，代表國王身處宮中；相反是英國國旗，即表示國王外出。

肯辛頓宮 Kensington Palace

The Goring Hotel

Bluebird

肯辛頓宮曾是多位皇室成員的府第，包括維多利亞女皇、威爾斯王妃戴安娜，以及當今威廉王子、凱特王妃、小王子喬治及小公主夏洛特。雖然是皇宮，但仍有部分開放給公眾。

百多年歷史的 Goring Hotel 就在白金漢宮附近，與英國皇室非常有淵源。這裡是查爾斯三世60歲誕辰的地方，亦是凱特王妃婚禮前晚入住及婚宴的指定場地，大家不妨在此享受英式下午茶。

威廉王子和凱特王妃多次被目擊在倫敦 King's Road 上 的 Bluebird 餐廳享用晚餐，最近也在此參加朋友的訂婚聚會，食物質素毋庸置疑。

西敏寺 Westminster Abbey

巴爾莫拉城堡 Balmoral Castle

桑德林漢姆莊園 Sandringham House & Estate

杜莎夫人蠟像館 Madame Tussauds London

西敏寺見證過多個皇室的婚禮，包括已故英女皇與查爾斯三世，威廉王子與凱特，也是每個英國皇朝的加冕典禮場地。

位於阿伯丁郡 (Aberdeen) 的巴爾莫拉城堡，是已故女皇及家人的夏日渡假勝地之一。每年 4 月至 7 月，公眾可參觀其廣場、花園及城堡宴會廳。

位 於 諾 福 克 (Norfolk) 的 桑 德林漢姆莊園是已故女皇跟家人歡渡聖誕的地方，每年 4 月至 11 月開放給公眾參觀。

仍沒辦法見到皇室成員？在倫敦杜莎夫人蠟像館你可以和英國皇室及其他名人握手，甚至自拍，總算一完心願！

倫敦博物館攻略

倫敦不但是歷史名城，博物館亦繁多。由數千年前的古希羅埃及文物，至後現代工藝美術品，全部一應俱全，包羅萬有。最吸引是大部分博物館竟然全年免費入場參觀！英國人如此大方，我們又怎可以「執輸」？

必去 7 大免費博物館

大英博物館 British Museum 01

大英博物館始建於1753年，收藏品跨越人類兩百萬年歷史，著名珍藏包括埃及羅塞塔石碑(Rosetta Stone)、雅典帕德農神廟的大理石雕刻(Parthenon Sculptures)、拉美西斯二世頭像(Ramesses II)及埃及木乃伊(Egyptian Mummies)等。除了古代藏品，也有現代藝術品，行兩天也未必看得夠！

交通：乘地鐵 Northern 線至 Goodge Street 站，出站後步行10分鐘即達
地址：Great Russell Street, London WC1B 3DG
時間：週六至週四10:00am-5:00pm，週五至8:30pm

電話：44-20-7323-8000
費用：免費
網頁：britishmuseum.org

泰特現代美術館 Tate Modern (02)

坐落在泰晤士河岸邊的泰特現代美術館前身是河畔發電站，1981年發電站停止運作，更改建為英國國家現代藝術展覽中心。館內收藏了近代不同大師，包括馬蒂斯(Matisse)、畢加索(Picasso)、達利(Dalí)及安迪·沃荷(Andy Warhol)的作品，讓人嘆為觀止。

交通：乘地鐵 Jubilee 線至 Southwark 站，出站後步行約10分鐘即達
地址：Bankside, London SE1 9TG
時間：10:00am-6:00pm

電話：44-20-7887-8888
費用：免費，但部分特展需門票
網頁：https://www.tate.org.uk/visit/tate-modern

英國國家美術館 National Gallery (03)

匯集了13世紀至19世紀歐洲二千多幅藝術畫作，包括文藝復興時化大師米開朗基羅的《埋葬》(The Entombment)、達文西的《岩間聖母》(Virgin of the Rocks) 及梵谷的《向日葵》(Sunflowers) 等。

交通：乘地鐵至 Charing Cross 或 Leicester Square 站，出站後步行5分鐘即達
地址：Trafalgar Square, London WC2N 5DN
時間：10:00am-6:00pm，週五至9:00pm
電話：44-20-7747-2885

費用：免費
網頁：www.nationalgallery.org.uk

英國科技館 Science Museum (04)

創建於1857年，館內收藏15,000類科學技術展項，包括世界著名的阿波羅十號指揮艙(The Apollo 10 Command Capsule) 和史蒂芬森的火車(Stephcnson's Rocket)。

交通：乘地鐵 Circle 線至 South Kensington 站，出站後步行約10分鐘
地址：Exhibition Road in South Kensington, London, SW7 2DD
時間：每天10:00am-6:00pm

電話：44-87-0870-4868
費用：免費
網頁：www.sciencemuseum.org.uk

英國格蘭特動物博物館 Grant Museum of Zoology 05

博物館於1828年由Robert Grant創立，館藏6.7萬個動物標本，是倫敦最多動物標本的博物館，被譽為「膽小者慎入之地」。博物館內至今仍展示維多利亞時期留存下來的動物骨架及標本，這些標本身已是歷史文物。

交通：乘地鐵 Circle 線至 Euston Square 站，出站後步行約5分鐘即達
地址：University College London, 21 University Street London WC1E 6DE
時間：週二至週五1:00pm-5:00pm，週六11:00am-5:00pm

電話：20-3108-9000
費用：免費
網頁：www.ucl.ac.uk/museums/zoology

皇家音樂學院博物館 The Royal Academy of Music Museum 06

英國皇家音樂學院是全球音樂家公認的聖壇，而館內的博物館更被譽為「生命氣息之地」(Living Museum)。館內珍藏展品包括了1650-1740年期間的克雷莫納弦樂器 (Cremonese Stringed Instruments)，1650-1740年期間的英國古銅琴 (Historical English Pianos) 以及1790-1850年間的名家作曲原稿等。

交通：乘地鐵 Circle 線至 Baker Street 站，出站後步行約5分鐘即達
地址：Marylebone Road, London Nw1 5ht, Uk
時間：週五11:00am-6:00pm

電話：44-20-7873-7373
費用：免費
網頁：www.ram.ac.uk/museum

兒童博物館 V&A Museum of Childhood 07

博物館不一定把跳跳紮的小朋友拒諸門外，V&A Museum of Childhood 每年會接待來自世界各國數以十萬計的大人及小朋友來賓，館內收藏了跨越十七世紀至今的與兒童玩具相關的物品。為了不悶親小朋友，展館內專門設計了供兒童和家長親子互動的活動室。

交通：乘地鐵 Central 線至 Bethnal Green 站，出站後步行約5分鐘即達
地址：Cambridge Heath Road, London E2 9PA
時間：*博物館目前裝修中，預計於2023年夏季重新開幕

電話：44-20-8983-5200
費用：免費
網頁：www.vam.ac.uk/moc

銀行博物館
Bank of England Museum

展示300年來英國銀行及金融業的轉變。

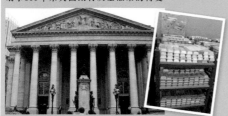

交通：地鐵 *Central* 線 *Bank* 站下車步行5分鐘即達
地址：*Threadneedle Street, London EC2R 8AH*
電話：*44-20-3461-4878*
時間：週一至週五 *10:00am-5:00pm*
網頁：*www.bankofengland.co.uk*
費用：免費

倫敦交通博物館
London Transport Museum

詳細展示倫敦過去200年公共交通的發展，珍藏包括
維多利亞時代的雙層馬拉巴士、世界第一列地鐵車
頭及第一款倫敦的士等。

交通：乘地鐵 *Piccadilly* 線至 *Covent Garden* 站，出
　　　站後步行5分鐘即達
地址：*Covent Garden Piazza, London WC2E 7BB*
電話：*44-20-7379-6344*
時間：*10:00am-6:00pm*
費用：成人21英鎊，小童20英鎊
網頁：*www.ltmuseum.co.uk*

自然歷史博物館
Natural History Museum

擁有的生物和地球科學標本約七千萬件，包括五個
主題：植物學、昆蟲學、礦物學、古生物學和動物
學。包括實物大小的 T-Rex 暴龍及藍鯨模型。

交通：乘地鐵 *Circle* 線至 *South Kensington* 站，出站後步行5分鐘即達
地址：*Cromwell Road, Kensington, London SW7 5BD*
時間：週一至六 *10:00am-5:00pm*，週日 *2:00pm-5:00pm*

倫敦運河博物館
London Canal Museum

其前身是一個冰庫，展示倫敦充滿傳奇的運河歷史。

交通：乘火車至 *London King's Cross* 站，
　　　出站步行10分鐘即達
地址：*12-13 New Wharf Road, London N1 9RT.*
電話：*44-20-7713-0836*
時間：週二至週日 *10:00am-4:30pm*
網頁：*www.canalmuseum.org.uk*
費用：成人6英鎊，小童3英鎊

倫敦博物館
Museum of London

展示了史前時代至現今倫敦的歷史，包括羅馬人統治
下的倫敦，與及被戰爭、瘟疫及火災肆虐的情景。

交通：乘地鐵 *Central* 線至 *St. Paul's* 站，
　　　出站步行5分鐘即達
地址：*150 London Wall, London EC2Y 5HN*
電話：*44-20-7001-9844*
時間：*10:00am-6:00pm*
費用：免費入場 (部分展覽收費)
網頁：*www.museumoflondon.org.uk*

電話：*44-20-7942-5000*
費用：免費入場 (部分展覽收費)
網頁：*www.nhm.ac.uk*

丘吉爾博物館
Churchill Museum & Cabinet War Rooms

二戰時丘吉爾規劃英國戰略運籌帷幄的主要基地。

交通：乘地鐵Circle線至Westminster站，出站後步行
　　　5分鐘即達
地址：Clive Steps, King Charles Street, London
　　　SW1A 2AQ
時間：10:00am-6:00pm
電話：44-20-7930-6961
費用：免費
網頁：www.iwm.org.uk/visits/churchill-war-rooms

皇家空軍博物館
Royal Air Force Museum

收藏了來自全世界一百多架飛機，更展示了近百年
來航空業的演變。

交通：乘地鐵Northern線至Colindale站，再轉乘的士
　　　前往
地址：RAF Museum London, Grahame, Park Way,
　　　London, NW9 5LL
電話：44-20-8205-2266 (24Hr info line)
時間：3月至10月10:00am-6:00pm，11月至2月
　　　10:00am-5:00pm
費用：免費
網頁：www.rafmuseum.org.uk/london

國家海軍博物館
National Maritime Museum

館內共有20個大小不一的展示廳分佈在三層樓的
區域內，各種導航儀器、時鐘、地圖、航海圖、
船隻模型、武器模型、動章以及制服等超過200
萬件藏品分布其中。

交通：乘輕鐵DLR至Cutty Sark站，出站後步行約
　　　10分鐘即達
地址：Romney Road, London SE10 9NF

電話：44-20-8858-4422
時間：10:00am-5:00pm

費用：免費
網頁：www.rmg.co.uk

設計博物館
Design Museum

作為時尚之都，倫敦無論在時裝、建築及多媒體設計
上都走在時代尖端。博物館展示了倫敦在現代設計上
的成就。

交通：High Street Kensington站，出站後步行約
　　　10分鐘即達
地址：224-238 Kensington, High Street,
　　　London W8 6AG　　電話：44-20-3826-5937
時間：週日至週四10:00am-6:00pm；週五及週六至
　　　9:00pm
費用：免費
網頁：designmuseum.org

維多利亞與阿爾伯特博物館
Victoria and South Kensington

成立於1852年，號稱是全球最大的美術及設計博物
館，收集了三千年來的藝術、設計和時尚展品。

交通：乘地鐵Circle線至South Kensington站，
　　　出站步行5分鐘即達
地址：Cromwell Road, London SW7 2RL
電話：44-20-7942-2000
時間：10:00am-5:45pm；周五至10:00pm
費用：免費
網頁：www.vam.ac.uk

約翰·桑那爵士博物館
Sir John Soane's Museum

約翰·桑那爵士是著名的建築師和收藏家，這裡雖然是英國最小的國立博物館，但藏品的種類絕對不會令參觀者失望，包括1817年在埃及帝王谷出土的賽地一世的石棺，以及英國最著名畫家賀加斯（Hogarth）、透納（Turner）的名作等。

交通：乘地鐵 Central 線至 Holborn 站，出站步行5分鐘即達
地址：13 Lincoln's Inn Fields, London WC2A 3BP
時間：週三至週日10:00am-5:00pm
電話：44 -20-7405-2107
費用：免費（需於網上預約時間）
網頁：www.soane.org

另 類 興 趣

棄嬰博物館
Foundling Museum

英國第一個兒童之家，不僅展示孩子們在育嬰堂的生活畫像與資料，還有關於捐助者的收藏，盡顯英國人的愛心。

交通：乘地鐵 Piccadilly 線至 Russell Square 站，
　　　出站步行5分鐘即達
地址：40 Brunswick Square,London WC1N 1AZ
電話：44 -20-7841-3600
時間：週二至週六10:00am-5:00pm，
　　　週日11:00am -5:00pm，週一休息
費用：成人 10.5英鎊，小童8.25英鎊
　　　(門票收益作兒童福利用途)
網頁：foundlingmuseum.org.uk

扇子博物館
Fan Museum

*Fan Museum 目前正關閉，並將於2023年2月8日重新開放

博物館位於一幢建於1721年的佐治亞式宅邸內。除常設展覽外，每年還有不同主題的特展，收藏有世界各地的扇子和扇面超過3,500件，其中大多是18、19世紀的製品。

交通：乘輕鐵DLR至 Cutty Sark 站，出站後步行
　　　約10分鐘即達
地址：12 Crooms Hill, London SE10 8ER
電話：44-20-8305-1441
時間：週三至週六11:00am-5:00pm
費用：成人 5英鎊，長者及7-16歲小童3英鎊

福爾摩斯博物館
Sherlock Holmes Museum

博物館的結構與小說中完全一樣，就連從底層到一層的樓梯數都與小說中講的一樣——17級，相同的結構加上精心的布置，使來此參觀的人如同置身於小說的場景之中。

交通：乘地鐵 Circle 線至 Baker Street 站，出站後步行5分鐘即達
地址：221B Baker Street, London NW1 6XE
時間：9:30am-6:00pm
電話：44-20--7935-8866
費用：成人16英鎊，16歲以下11英鎊
網頁：www.sherlock-holmes.co.uk

雖然倫敦有不少免費博物館，但博物館門票收費的也不便宜。如果想慳錢慳時間，記得申請倫敦卡 (London Pass)。一卡傍身，在倫敦全市數十個人氣景點及博物館都可以無限進出，部分甚至享有優先排隊權 (Fast Pass)。倫敦卡分1、2、3及6天選擇，申請、收費及使用地點可參考：www.londonpass.com

仲想慳到盡？
申請倫敦卡
(London Pass)

手 信 攻 略

英 國 茶

Twinings English Breakfast Tea

Whittard Darjeeling Black Leaf Tea

Fortnum and Mason Royal Blend

PG Tips

Tetley

英國人每天最不可缺的就是一杯茶，除了常見的早餐紅茶、伯爵茶、大吉嶺，綜合茶 (Blend Tea) 等，是不錯的送禮之選。

PG Tips 雖然是英女王伊莉莎白二世最喜愛的紅茶品牌，但價錢卻非常便宜，和英國人最常喝的品牌 Tetley，都在超市有售，即使每天喝也不「肉痛」！

美 容 護 膚 品

Body Shop

在英國購買本土品牌 Body Shop、Boots 或 Lush 等，除了較齊全以外，價錢亦非常相宜！

Neal's Yard Remedies

英國的香薰護膚品牌 Neal's Yard Remedies 強調產品是百分百天然有機，在美容界屢獲殊榮。

Lush

全球最大間的 Lush 位於倫敦的 Oxford Street，沒有添加劑但又甜香滿瀉的香皂令女士們為之瘋狂。

(a) Twinings / 216 Strand, London WC2R 1AP
(b) Whittard / 43 Oxford Street, London W1D 2DY
(c) Fortnum and Mason / 181 Piccadilly, London W1A 1ER
(d) PG Tips、Tetley / 各大英國超市

(e) Neal's Yard Remedies / 15 Neal's Yard, Covent Garden, London WC2H 9DP
(f) Body Shop / 374 Oxford St, London, Westminster W1C 1JR
(g) Lush / 175-179 Oxford Street, London W1D 2JS

Jo Malone

喜歡香水或香氛的朋友對 Jo Malone 一定不會陌生，而英國價錢大約是香港原價的8折。

E45 Cream

E45 Cream 是英國家用的萬能霜，無論皮膚敏感、乾燥、濕疹、嬰兒皮膚問題等都適用。

保 健 品

Holland & Barrett

香港的保健品價錢一直都不算便宜，可考慮購買英國 Holland & Barrett 的補充品，遇上大減價時更便宜，不妨買來送給身邊親友長輩！

時 裝 飾 品

英國雖然不算是時裝之都，但衣飾款式勝在歷久常青。推介近年深受文青所愛的劍橋包（The Cambridge Satchel Company），純牛皮手工打造，很有英倫學院風格。至於潮人至愛 Superdry，產地原來也是英國，價錢比香港相宜。而英國百年品牌 Clark，真皮皮鞋的價錢只是香港的一半，你又如何抗拒？

劍橋包

Superdry

Clark

英 文 書

英國書店規模大，藏量種類多，無論小說、兒童書籍、心理書或設計書都比香港豐富，而且價錢較平，是書迷們的天堂。

(n) Foyle / 107 Charing Cross Road, London WC2H 0DT

(h) E45 Cream / 各大英國 Boots 藥房
(i) Jo Malone / Ground Floor, 400 Oxford Street, London W1A 1AB (Selfridges 百貨內）
(j) Holland & Barrett / 94A Brompton Road, Knightsbridge, London SW3 1ER
(k) 2 St Mary＇s Passage, Cambridge CB2
(l) 360-366, Oxford St, London W1C 1JN
(m) London Oxford Circus, 260 Oxford St, London W1C 1DN

倫敦
London

倫敦市內交通

地鐵 Underground

倫敦 (London Underground) 亦稱為「TUBE」，是倫敦人最常用的交通工具。地鐵共有12條線，數百個車站分布在市區各個角落，以不同顏色區分倫敦市區為1-9區，遊客在轉車時需要行走各種換乘通道，可在車站售票處索取地鐵線路圖。

網頁：**www.tfl.gov.uk**

> 近年，倫敦實施夜行列車 (Night Tube)，其中 Jubilee line、Victoria line 全線，Central line、Northern line 及 Piccadilly line 大部分車站，會在每個週五、六的深夜維持通宵行駛，比坐的士便宜，Night Bus 更快返回酒店，是夜貓子的一大喜訊！

輕軌鐵路 Docklands Light Railway

簡稱DLR，連接倫敦市中心和東部新興船塢區碼頭的Canary、Greenwich 及 Stratford 之間，是倫敦地鐵系統的一部分。

巴士 Bus

倫敦的各地鐵站附近都有巴士車站，大部分巴士運營時間為7:00am至午夜，主要民居和市中心的巴士則保持24小時運營，車上不接受現金付款，需使用 Oyster Card。倫敦的巴士車站分為兩種，一種是巴士到站必停；一種是必須舉手示意才停，可查看站牌，遊客需特別注意。

的士 Taxi

圓頭圓腦的黑色的士已經成為倫敦的經典城市標誌之一。的士起步價為2.4英鎊，咪錶根據行車時段、行程里程和的士速度計算最高車費，遊客若電話預約則額外收取2英鎊預約費，附加費均顯示在計價器上。

觀光巴士 City Sightseeing Bus

City Sightseeing 的觀光巴士分為紅線（起點與終站：Belvedere Road 及 Westminster Bridge 站）、綠線（起點與終站：Belvedere Road 及 Lancaster Place 站）。1天票成人37.67英鎊，小童半價。車程約130分鐘，約10至20分鐘一班車，覆蓋倫敦市內大部分景點。

網頁：**www.city-sightseeing.com/tours/united-kingdom/london.htm#tourlandingposition**

Oyster Card- Pay as you go

Oyster Card 就像香港八達通，可以用於倫敦的公共交通工具，如巴士、地鐵、火車 (包括 Docklands Light Railway、Overground 和 National Rail)、電車等。在地鐵票務處、售票機、遊客服務中心都可以購買。按金 5英鎊，每次增值最低 5英鎊，最高 50英鎊。離開倫敦時，可退還咭內餘額及按金，假如餘額低於 15英鎊可即場到售票機退款，而超過 15英鎊，則需出示文件證明姓名和地址。

Travel Card

Travel Card 是一張紙質車票，亦可直接存在 Oyster Card 內。Travel Card 可以讓乘客在有效期內無限次乘坐指定區域內的公共交通工具，按不同日數 (1日 / 7日 / 1月) 票、區域 (Zone1-9)、時間 (Anytime/ Off-peak) 而有不同價格。

Visitor Oyster Card

Vistor Oyster Card 是專門設計給遊客使用，跟 Oyster Card- Pay as you go 的用法大致相同，但不能存入 Travel Card 及 Bus & Tram Pass。

Vistor Oyster Card 售 15英鎊，當中 10英鎊是儲值，當中 5英鎊不能退回，但在某些景點或餐飲出示亦有相對優惠。
此咭只在出發前透過倫敦地鐵的網站、透過代理商、Gatwick Express Station 或在前往倫敦的火車歐洲之星 (Eurostar) 上購買。

網頁：**http://visitorshop.tfl.gov.uk/tfl/london-visitor-oyster-card**

車票類別 區域	現金	Oyster Card - Pay As You Go				Travelcards		
		*繁忙時段	非繁忙時段	全日 任何時段	全日 非繁忙時段	全日 任何時段	全日 非繁忙時段	7日
Zone1	£6.3/ 單程	£2.5/ 單程	£2.5/單程	£7.7 (上限)	£7.7 (上限)	£14.4	£14.4	£38.4
Zone1-2	£6.3/ 單程	£3.2/ 單程	£2.6/單程	£7.7 (上限)	£7.7 (上限)	£14.4	£14.4	£38.4
Zone1-3	£6.3/ 單程	£3.6/ 單程	£2.9/單程	£9.0 (上限)	£9.0 (上限)	£14.4	£14.4	£45.2

* 截至2022年10月

* 繁忙時段 (Peak) 指週一至五 6:30am-9:30am、4:00pm-7:00pm，
  其餘時間及週六、日及公眾假期全日則為非繁忙時段 (Off-peak)
** Oyster Card 及 Travelcard 均設兒童票，票價為成人價錢之一半，
  適用於 11-15 歲兒童
5-10 歲兒童在成人陪同下可以免費乘地鐵

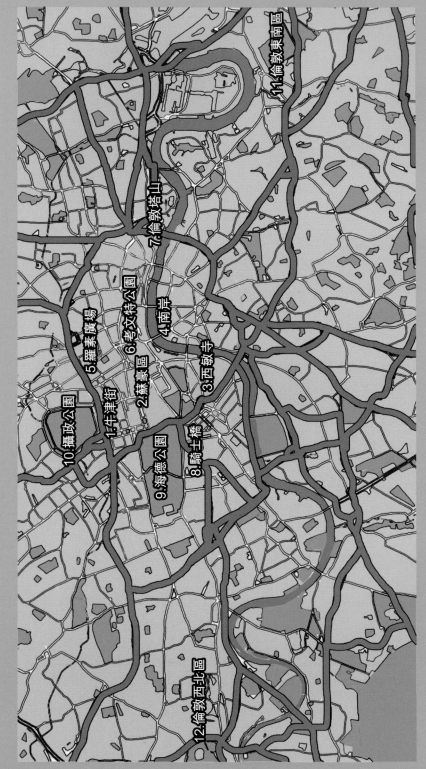

北

倫敦全景地圖

11.倫敦東南區

7.倫敦塔山

5.羅素廣場

6.考文特公園

4.南岸

10.攝政公園

1.牛津街

2.蘇豪區

3.西敏寺

9.海德公園

8.騎士橋

12.倫敦西北區

倫敦地鐵 (zone1-2)

行程建議

Day 1

早上到著名的大英博物館，參觀埃及木乃伊及雕塑等重量級文物 ⟶ 前往考文特花園，逛逛 Apple Market 和 Jubilee Market，購物之餘亦品嚐攤販的街頭小食，可在薩默塞特宮的河畔露台咖啡座小憩片刻 ⟶ 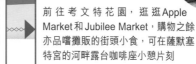前往特拉法加廣場、到免費入場的國家美術館及國家肖像館欣賞藝術品

晚上到 SOHO 區用餐，感受倫敦夜生活 ⟵ 進入大教堂西敏寺參觀 ⟵ 在英國地標大笨鐘及議會大廈留影，遠眺彼岸的倫敦眼 ⟵ 途中經過英國首相官邸唐寧街10號

Day 2

參觀劍橋公爵和公爵夫人的皇家宮殿－肯辛頓宮 ⟶ 休閒地在海德公園內享受日光浴，在演說者之角 (Speakers Corner) 聽聽別人發表的偉論

晚上返回牛津街、攝政街購物及晚餐 ⟵ 乘船前往倫敦動物園及櫻早花山飽覽倫敦天際線 ⟵ 乘地鐵前往大型市集馬廄市集 (Stables Market) 及卡姆登水閘市集 (Camden Lock Market)

Day 3

早上到美食市集 Borough Market，品嚐平價的街頭小食 ⟶ 到 The Shard 欣賞倫敦美景 ⟶ 走過倫敦橋及大火紀念塔

到紅磚巷的二手市集尋寶，吃馳名的 Beigel Bake ⟵ 到倫敦塔參觀 ⟵

Day 4

早上到白金漢宮欣賞衛兵交接儀式 ⟶ 到 Victoria 車站乘巴士 Oxford Tube 前往牛津 ⟶ 下車後到曾作為監獄的牛津城堡探險

乘車前往 Outlet 比斯特購物村，瘋狂購物血拼 ⟵ 在牛津學院內遊覽 ⟵

牛津廣場
Oxford Circus

交通策略

Marble Arch	⊖ Central line • 1分鐘	Bond Street	⊖ Central line • 1分鐘	Oxford Circus
Piccadilly Circus		⊖ Bakerloo line • 2分鐘		
Oxford Circus		⊖ Central line • 1分鐘		Tottenham Court Road
Westminster	⊖ Jubilee line • 2分鐘	Green Park (轉車)	⊖ Victoria line • 1分鐘	Oxford Circus

推介景點

 牛津街
Oxford Street
人氣購物街

 卡納比街
Carnaby Street
嬉皮搖滾發源地

 攝政街
Regent Street
古典名店街

 Selfridges & Co.
厚切鹹牛肉三文治

Map 1-8

Oxford Circus 牛津廣場

01. 牛津街Oxford Street	1-9	08. EL&N London	1-15	15. Holland and Barrett	1-15	22. Boots	1-17
02. Carnaby Street	1-9	09. 攝政街 Regent Street	1-15	16. St. Christopher's Place	1-15	23. James Smith & Sons Ltd.	1-18
03. Next	1-10	10. Liberty	1-16	17. The Wallace Collection	1-16	24. Whittard	1-18
04. Apple Store	1-10	11. Hamleys	1-16	18. Paul Smith Sale Shop	1-16	25. Sketch	1-19
05. The Carton Museum	1-10	12. The Photographers's Gallery	1-13	19. 馬莎百貨Marks & Spencer	1-16	26. Snowflake Luxury Gelato	1-19
06. John Lewis	1-11	13. Selfridges & Co.	1-14	20. Dog & Duck	1-17	27. Debenhams	1-20
07. Wedgwood	1-11	14. Pringle of Scotland	1-14	21. TK Maxx	1-17	28. Burlington Arcade	1-20

英國最繁忙街道 **01** ⊛MAP 1-8 C2
牛津街 Oxford Street

🚇 乘地鐵 Central 線至 Oxford Circus 站，出站即達

　　牛津街是倫敦重要的購物街，長1.5英里的街道兩旁布滿了18世紀末期的精美建築，超過300家的世界品牌店，如 Topshop、Zara、Nike、H&M、Urban Outfitters、Pandora 等大型旗艦店及大型百貨雲集於此。各種不同風格的服飾吸引了眾多年輕人在假日來到此逛街購物，成了倫敦最時尚的潮流指標。

地址：Oxford Street, London
★ INFO

60年代搖滾嬉皮孕育地 **02** ⊛MAP 1-8 D2
卡納比街 Carnaby Street

🚇 乘地鐵 Central 線至 Oxford Circus 站，出站後步行約 7 分鐘即達

　　同樣位於倫敦心臟，卡納比街總是被人稱為最 Hip 的音樂重地。在進行搖滾革命中的60年代，這裡是滾石樂隊 (Rolling Stones) 練習和演出的地點，連披頭四、Sex Pistols 都曾走過這條街；而設計師 Mary Quant 亦從這裡把迷你裙的潮流帶到全世界。今天的卡納比街仍然保存了倫敦60年代 Swinging London 的形象，跟名店林立的攝政街相比，獨立又反叛，更能表達另類的英倫風。

地址：Carnaby Street, London
★ INFO

Oxford Circus · SOHO · Westminster · South-bank · Russell Square · Covent Garden & Temple · Tower Hill & Brick Lane · Knights-bridge · Hyde Park & Notting Hill · Regent's Park

大眾廉價本土品牌

Next

03 ⊕ MAP 1-8 D1

乘地鐵 Central 線至 Oxford Circus 站，1 號出口出站後步行約 5 分鐘即達

藍色信封包 7 英鎊　花紋圖案上衣 5 英鎊

★★★
牛
津
廣
場

蘇
豪
區

西
敏
寺

南
岸

羅
素
廣
場

及
考
文
特
花
園
聖
殿
區

及
倫
紅
敦
磚
塔
巷
山

騎
士
橋

及
海
諾
德
丁
公
山
園

攝
政
公
園

創立於1982年的 Next，地位僅次於馬莎百貨與BHS 百貨，躋身英國第三大成衣品牌。店內除了可以購買到大量適合男、女士上班族的線衫、防皺襯衫、長褲等，亦有各種休閒服裝及首飾、內衣、鞋子及家居飾品等。

地址：Plaza Oxford Street, 120-128 Oxford St, London W1D 1LT
電話：0333-005-5123
時間：週一至週六 9:00am-9:00pm，
　　　週日 11:30am-6:00pm
網頁：www.next.co.uk
★ INFO

蘋果旗艦店

04 ⊕ MAP 1-8 C2

Apple Store

乘地鐵 Central 線至 Oxford Circus 站，3 號出口出站後步行約 2 分鐘即達

位於攝政街上的 Apple Store 是蘋果公司在英國的旗艦店，其建築本身建於1898年，充滿維多利亞時代的建築特色。店內分為上下兩層共1,850平方米的營業面積，所有蘋果的最新產品和周邊配件都在店內陳列著供人隨意體驗試用。此外，在這兒還可以免費上網、下載歌曲，樓下還有一個設有64個座位的試聽空間，經常舉辦各種表演和講座。

地址：235 Regent Street, London W1B 2EL
電話：020-7153-9000
時間：週一至週五 10:00am-9:00pm，週六 10:00am-8:00pm，週日 12:00nn-6:00pm
網頁：www.apple.com/uk
★ INFO

童趣卡通博物館

05 ⊕ MAP 1-8 D1

乘地鐵 Central 線至 Oxford Circus 站，1 號出口出站後步行約 7 分鐘

The Cartoon Museum

博物館就如其名一樣，是以卡通和漫畫藝術作主題；這裡並沒有米奇老鼠或唐老鴨，取而代之的是英國本土的漫畫作品；從童年經典如 The Beano 和 The Dandy，甚至政治漫畫、壁畫等都是館內的展覽題材，包括原創和草圖，一次過讓你認識英國250年來的漫畫藝術。

地址：63 Wells Street London, W1A 3AE
電話：020-7580-8155　門票：成人 8.5 英鎊、小童：3 英鎊
時間：週二、三、五至日 10:30am-5:30pm，週四至 8:00pm
網頁：www.cartoonmuseum.org
★ INFO

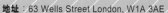

英人最愛百貨公司
John Lewis

🚇🚕 乘地鐵 Central 線至 Oxford Circus 站，出站後步行約 3 分鐘即達

　　開業於1864年的 John Lewis 曾被雜誌評為英國人最愛的百貨公司，地處繁華的牛津街，擁有包括化妝保養品、服飾、玩具、傢俱、電器等超過35萬種商品。在購物之餘，遊客還可以在商場5樓的 The Place To Eat 餐廳小憩片刻，一邊享受美食一邊欣賞窗外的倫敦街景。

品牌包括： Jo Malone、Stella McCartney、Burberry、Paul Smith、Vivienne Westwood、Barbour、Mulberry、Ted Baker、Dunhill、Chanel、YSL、Issey Miyake、Dyson……

地址：300 Oxford Street London W1C 1DX
電話：020-7629-7711
時間：週四 10:00am-9:00pm，週日 12:00nn-6:00pm，
　　　其餘 10:00am-8:00pm
網頁：www.johnlewis.com ★INFO

頂級精製陶瓷 07 ⊛ MAP 1-8 C1
Wedgwood

🚇🚕 乘地鐵 Central 線至 Oxford Circus 站，出站後步行約 3 分鐘即達

　　由 Josiah Wedgwood 與當時知名的陶藝家 Thomas Whieldon 一同於1759年設廠創立的 Wedgwood 品牌，是英國頂級的陶瓷品牌。早在 1763年就開始接到英國皇室訂單，當時就連俄羅斯皇室也專門從 Wedgwood 訂購瓷器，其影響力可見一斑。在 Josiah Wedgwood 晚年時更是以一世紀的波特蘭花瓶為藍本，研發並複製了最廣為人知的白浮雕式樣 Jasper，時至今日依然吸引了眾多該品牌的忠實愛好者。

地址：John Lewis 百貨內
電話：020-7629-7711
時間：週四 10:00am-9:00pm，週日 12:00nn-6:00pm，
　　　其餘日子 10:00am-8:00pm
網頁：www.wedgwood.co.uk ★INFO

Wedgwood 跟 Vera Wang 合作設計的 Love Knots 系列，精緻俐落。

Oxford Circus　SOHO　Westminster　South-bank　Russell Square　Covent Garden & Temple　Tower Hill & Brick Lane　Knights-bridge　Hyde Park & Notting Hill　Regent's Park

倫敦
LONDON

粉紅咖啡店
EL&N London

08 ⭐ **MAP** 1-8 **D1**

乘地鐵 Central 線至 Oxford Circus 站，1 號出口
出站後步行約 5 分鐘

★★★
牛津廣場

蘇豪區

西敏寺

南岸

羅素廣場

及考文特花園

及倫敦塔山
及紅磚巷

騎士橋

及海德公園及諾丁山

攝政公園

　　主打夢幻風格的EL&N，堪稱是倫敦地區IG打卡人氣最高的連鎖咖啡店，每間分店都各有不同裝潢，吸引一眾女生前往打卡。餐廳每角落都布置得十分繽紛，一室都是花卉擺設以及浪漫鮮艷的花牆，甚至連餐點食物也是貫徹品牌的夢幻風格。在這裡點一杯粉紅色拿鐵咖啡，保證讓你不願放下手機，瘋狂打卡！

地址：9 Market Place, Oxford Circus, London, W1W 8AQ
電話：020-7323-9297
時間：週一至日 8:00am-11:00pm
網頁：https://elnlondon.com/pages/market-place ⭐ **INFO**

首屈一指名店區
攝政街 Regent Street

09 ⭐ **MAP** 1-8 **C1**

乘地鐵 Central 線至 Oxford Circus 站，出站即達

　　與牛津街相交的攝政街同是倫敦首屈一指的購物街，在19世紀的維多利亞時代，攝政街是當時上流社會的購物街，直至現在仍然是倫敦名店區。攝政街除了以林立著大型旗艦店聞名，每年12月的聖誕燈飾也吸引了不少人流，到了新年或是夏季打折時期，這裡更是人山人海、寸步難行。

REGENT STREET W.1
City of Westminster

地址：Regent Street, London
時間：各商鋪營業時間不同
網頁：www.regentstreetonline.com
⭐ **INFO**

二級古蹟百貨
Liberty

10 ⭐ **MAP** 1-8 **D2**

乘地鐵 Central 線至 Oxford Circus 站，出站後步行約 5 分鐘即達

　　Liberty 擁有超過130年的歷史，外貌似足博物館的它被列為二級古蹟建築，是英國最具特色的傳統老牌百貨。Liberty 一直堅持創始人 Arthur Liberty 開業之初「創造現代精緻生活」的理念，發售奢華的衣飾、傢俱及古董，同時亦不忘推陳出新，與其他品牌如 Dr. Martens、Nike、Max Mara 等合作推出自家品牌服飾，經典得來又破格。

地址：Regent Street, London W1B 5AH
時間：週一至週六 10:00am-8:00pm，週日 11:30am-6:00pm
電話：020-7734-1234　　網頁：www.liberty.co.uk
⭐ **INFO**

世界最大玩具店 🔍 MAP 1-8 D2
Hamleys ⑪

🚇🚗 乘地鐵 Central 線至 Oxford Circus 站，出站後步行約 2 分鐘即達

　　創立於 1870 年的 Hamleys 一直都是倫敦最受歡迎的玩具店，在總共 7 層樓的營業空間中，有積木、賽車、填充玩具、洋娃娃、水槍、玩具兵等傳統玩具，也有諸如 PS4、Xbox One 等最流行的遊戲機，但在總計超過 4 萬種不同種類的玩具中，最受歡迎的則是經久不衰的泰迪熊以及各式布偶。地庫更設有哈利波特專門店。

地址：188-196 Regent Street, London W1B 5BT
電話：0371-704-1977
時間：週一至週六 10:00am-9:00pm，
　　　週日 12:00nn-6:00pm
網頁：www.hamleys.com
★ INFO

當代攝影藝術畫廊 ⑫ 🔍 MAP 1-8 D2
攝影家畫廊
The Photographers's Gallery

🚇🚗 乘地鐵 Central 線至 Oxford Circus 站，出站步行 3 分鐘即達

　　於 1971 年開放的攝影家畫廊，是英國第一個以當代攝影為主題的畫廊，幾十年來畫廊陸續引進了眾多國際知名的攝影家作品，並且經常舉辦各種主題的展覽和講座，在公眾之間普及了現代攝影的知識。除了各式各樣的攝影作品展覽外，攝影家畫廊內還開設有咖啡店、攝影作品銷售區和書店等。

地址：16-18 Ramillies Street, London W1F 7LW
電話：020-7087-9300
時間：週一至週三、週六 10:00am-6:00pm，
　　　週四、五至 8:00pm，週日 11:00pm-6:00pm
費用：8 英鎊 /5 英鎊（逢週五 5:00pm 後免費入場）
網頁：www.thephotographersgallery.org.uk
★ INFO

Oxford Circus
SOHO
Westminster
South-bank
Russell Square
Covent Garden & Temple
Tower Hill & Brick Lane
Knights-bridge
Hyde Park & Notting Hill
Regent's Park

掃貨後必食鹹牛肉三文治 **13**  🔍 MAP 1-8 A2

Selfridges & Co.

🚇🚌 乘地鐵 Central 或 Jubilee 線至 Bond Street 站，出站後步行約 5 分鐘即達

★ ★ ★
牛津廣場

蘇豪區

西敏寺

南岸

羅素廣場

考文特花園及聖殿區

倫敦塔及紅磚巷山

騎士橋

海德公園及諾丁山

攝政公園

位於牛津街的 Selfridges & Co. 開業於1909年，是一幢高7層的建築，貨品以多元化和高質素著稱。從家品、圖書到名牌珠寶、手袋都一應俱全。當中品牌包括Chanel、Lanvin、Balenciaga，亦有潮人喜愛的Boy London、A.P.C. 及 Rick Owens 等，因此每年聖誕和夏季大減價時，商場門外都會排起長隊。另外千萬不可錯過地下的餐廳Brass Rail的鹹牛肉三文治，獨特的鹹香另配酸青瓜，難怪人龍不絕！

地址：400 Oxford Street, London W1A 2LR
電話：0800-123-400
時間：10:00am-10:00pm，週六至 9:00pm，
　　　　週日 11:30am-6:00pm
網頁：www.selfridges.com

⭐ INFO

蘇格蘭東南部的皇室御用品牌 **14** 🔍 MAP 1-8 A2

Pringle of Scotland

🚇🚌 乘地鐵 Central 線至 Bond Street 站，出站後步行約 5 分鐘即達

來自蘇格蘭東南部的 Pringle of Scotland 是英國皇室的御用品牌，早在1870年就已經開始生產羊絨毛衣，在20世紀90年代更開始推出各式休閒與運動系列服飾。2000年，Pringle of Scotland 被香港商人買下，並開始重新定義為高級休閒服飾系列，其招牌圖案的菱形格紋和站立的獅子側面圖案吸引了嘉莉絲基莉、妮歌潔曼、碧咸和麥當娜等各界名流的喜愛。

地址：Selfridges 百貨商場內
時間：週一至週五 10:00am-9:00pm，週六至 9:00pm，週日
　　　　11:30am-6:00pm
網頁：www.pringlescotland.com

⭐ INFO

英國具規模健康品牌
Holland and Barrett

🚗 乘地鐵 Central 或 Jubilee 線至 Bond Street 站，出站即達

已有80年歷史的 Holland and Barrett，是英國規模最大的健康食品連鎖店，主要經營維生素、礦物質以及植物性保健食品，亦有自家製的素食、豆漿、花草茶和香水。經常可以看到各地的遊客慕名而來，購買月見草油(Evening Primrose Oil)、Q10、蘆薈產品、魚油、蒜精、茶包等熱門產品。

地址：Unit C12, West One Shopping Centre, Oxford Street, Westminster, London W1C 2JS　　**電話**：033-0058-2640
時間：週一至週六 8:30am-9:00pm，週日 10:00am-7:00pm
網頁：www.hollandandbarrett.com　　⭐ **INFO**

美食小巷
St. Christopher's Place

🚗 乘地鐵 Central 或 Jubilee 線至 Bond Street 站，出站後步行約 5 分鐘即達

位於 Bond Street 地鐵站對面的 St.Christopher's Place，是一條隱匿在倫敦繁華購物街區中的美食小巷，經常可以看到在牛津街和邦德街購物之餘的行人來到這邊小憩片刻，品嘗一些傳統的英國美食和西班牙海鮮飯，或是點上一杯啤酒閒聊片刻，享受舒適愜意的環境。

⭐ **INFO**

地址：St.Christopher's Place, London W1U 1L
電話：020-7493-3294
時間：各商舖營業時間不同
網頁：www.stchristophersplace.com

古典藝術寶庫
華萊士收藏館 The Wallace Collection

17 ⭐ MAP 1-8 A1

🚇🚌 乘地鐵 Central 或 Jubilee 線至 Bond Street 站，出站後沿牛津街向西步行約 10 分鐘即達

古色古香的華萊士收藏館收藏了17至19世紀荷蘭、法國的油畫作品，其中不乏提香、魯本斯、倫勃朗等人的名作。此外還有大量16-19世紀英法畫家繪製的水彩與迷你畫像，中世紀和文藝復興時期的雕塑、傢俱、盔甲武器以及大量金銀銅器和珠寶、琺瑯、玻璃、瓷器等工藝品，宛如一座宮殿藝術的寶庫。

★ INFO
地址：Hertford House, Manchester Square, London WIU3 BN
電話：020-7563-9500　時間：10:00am-5:00pm
費用：免費　網頁：www.wallacecollection.org

平買英國名牌
Paul Smith Sale Shop

18 ⭐ MAP 1-8 B2

🚇🚌 乘地鐵 Central 或 Jubilee 線至 Bond Street 站，出站後步行約 5 分鐘即達

Paul Smith 是由設計師保羅・史密斯爵士於1976年用自己名字創立的品牌，彩色細條紋的經典圖案吸引了眾多顧客。產品有充滿創意的領帶和襯衫，以及男女裝、配飾、鞋類、香水和傢俱，是英國頂尖的時尚品牌之一。位於市中心的 Paul Smith Sale Shop 全年都有原價4至6折的優惠，絕對不可錯過。

地址：23 Avery Row, Mayfair London, W1K 4AX
電話：020-7493-1287
時間：週一至週六 11:00am-6:00pm，週日 12:00pm-6:00pm
網頁：www.paulsmith.co.uk
★ INFO

家喻戶曉的國民百貨
馬莎百貨 Marks & Spencer

19 ⭐ MAP 1-8 A2

🚇🚌 乘地鐵 Central 線至 Marble Arch 站，出站後步行約 5 分鐘即達

1894年創立的馬莎百貨是英國家喻戶曉的百貨公司。服飾品質優良，普遍受到大眾信賴。其中最受歡迎的內衣褲與各色羊絨毛衣都是享負盛名。此外，眾多新婚禮服和配飾，以及鞋類、家用品等都可以在牛津街這家馬莎百貨旗艦店尋覓到。

地址：458 Oxford Street, London W1C 1AP
電話：020-7935-7954
時間：週一至週六 9:00am-9:00pm，週日 12:00nn-6:00pm
網頁：www.marksandspencer.com
★ INFO

莫札特曾造訪的酒吧 ⑳
Dog & Duck

MAP 1-8 E2

🚗 乘地鐵 Northern 線至 Tottenham Court Road 站，出站後步行 10 分鐘即達

Dog & Duck 是一家外表看似普通，但內部裝飾甚為精緻的酒吧，酒吧所在的建築物建於1897年，其前身是另一家建於1734年的酒吧，而那家酒吧的名字恰好也是Dog & Duck，就連莫札特在倫敦期間也曾光顧過這家酒吧。維多利亞風格的瓷磚和老鏡子，輕易便可將遊客帶回過往的日不落帝國時代。

地址：18 Bateman Street, London W1D 3AJ
電話：020-7494-0697
時間：週一至週五 11:00am-11:00pm，週六至 11:30pm，週日 12:00nn-10:30pm

⭐ INFO

連鎖名牌特賣場 ㉑ 🔍 MAP 1-8 F2
TK Maxx

🚗 乘地鐵 Northern 線至 Tottenham Court Road 站，出站後步行約 5 分鐘即達

想到Outlet往往要坐差不多一小時車程，但其實倫敦市內亦有一處寶地。TK Maxx是英國人最愛的百貨公司之一，原因就是價錢。由於貨品大部分是過季款式、賣剩的折扣商品或瑕疵貨，因此都非常便宜。除了時裝，亦有售玩具、化妝護膚品、家品及傢俱等，品牌包括港人至愛的Le Creuset、Versace、Michael Kors、DKNY、Under Amour 等，適合喜歡淘寶的朋友！

地址：120 Charing Cross Road, London WC2H 0JR
電話：020-7240-2042
時間：週一至週六 9:00am-9:00pm，週日 12:00nn-6:00pm
網頁：www.tkmaxx.com

⭐ INFO

廉價優質藥妝 **Boots** ㉒ 🔍 MAP 1-8 E1

🚗 乘地鐵 Northern 線至 Tottenham Court Road 站，出站後步行 5 分鐘即達

19世紀時以一座小藥房起家的Boots現今已經是英國最主要的藥妝連鎖店之一，提供的Boots17等化妝品更是在英國家喻戶曉，2007年推出的抗皺精華液「N7 Protect &Perfect Beauty Serum」也曾經轟動一時，創下了同類產品的英國銷售記錄。

地址：16-17 Tottenham Court Road, London W1T 1AZ
時間：週一至週五 8:00am-9:00pm，週六 10:00am-8:00pm，週日 12:00nn-6:00pm
電話：020-7580-3525
網頁：www.boots.com

⭐ INFO

倫敦雨傘之家
James Smith & Sons Ltd.

23 **MAP** 1-8 **F1**

乘地鐵 Northern 線至 Tottenham Court Road 站，
出站後步行約 5 分鐘即達

★★★
牛津廣場

蘇豪區

西敏寺

南岸

羅素廣場

及考文特花園及聖殿區

及倫敦塔山及紅磚巷山

騎士橋

及海德公園及諾丁山

攝政公園

家族式經營的百年雨傘手杖店 James Smith & Sons Ltd. 被稱為「倫敦雨傘之家」，從1875年搬遷到現在的位置，百餘年間 James Smith & Sons Ltd. 店內經營的手杖、雨傘、陽傘、可收納的椅杖和獸角製品一直由店內首席工匠親自設計製作。在這裡挑選一把傳統的蘇格蘭格子傘和維多利亞時代英國紳士手杖，都是不錯的倫敦之行紀念品。

地址：Hazelwood House, 53 New Oxford Street, London WC1A 1BL
電話：020-7836-4731
時間：週二至週五 10:00am-5:30pm，週六至5:15pm，週日及週一休息
網頁：www.james-smith.co.uk

★ **INFO**

必買英國茶
Whittard

MAP 1-8 **E1**

24

乘地鐵 Northern 線至 Tottenham Court Road 站，出站後步行約 3 分鐘即達

説到英國茶，大部分人可能會想起 Twinings，但其實由 Walter Whittard 在1886年於倫敦創立的 Whittard，口味選擇多達數百款，極之豐富。如此親民，相比起上來絕對不輸蝕！從茶包到散茶 (Loose Tea)、花卉茶、生果茶、烘焙咖啡至朱古力等即溶飲品都有。而另外一個受歡迎的原因，就是它充滿濃厚英國特色。店內陳設了很多英國圖案的陶瓷茶具及精緻的罐裝茶，絕對令人愛不釋手。

地址：53 Oxford Street, London W1D 2DY
電話：020-7287 2599
時間：週一至週六 10:00am-6:00pm，週日 10:30am-6:00pm
網頁：www.whittard.co.uk

★ **INFO**

潮人之選下午茶
Sketch

25 MAP 1-8 **C2**

倫敦 LONDON

乘地鐵 Central、Bakerloo 或 Victoria 線至 Oxford Circus 站，出站後步行約 5 分鐘即達

Sketch 裝潢設計走時尚新潮風，內有兩間風格不同的餐廳提供相同的下午茶。The Glade 走南法古典風，而 The Gallery 走粉紅風格，粉紅色座位和精緻的扇形椅子及豪華長椅，滿載少女心。陶瓷餐具則是由英國品牌 Caverswall 與 David Shrigley 合作訂製，是潮人嘆下午茶必去之選！

地址：9 Conduit St, Mayfair, London W1S 2XG
電話：020-7659-4500
時間：週二至週六 9:00am-2:00am，週日至 12:00mn
費用：下午茶 75 英鎊 / 位 (11:30am-4:00pm)
網頁：sketch.london

★ INFO

得獎雪糕店
Snowflake Luxury Gelato

26 MAP 1-8 **E2**

乘地鐵 Central 或 Jubilee 線至 Bond Street 站步行 3 分鐘

榮獲多個獎項的 Snowflake Luxury Gelato 採用時令及有機的本地食材，每天新鮮炮製全天然的 Gelato。這裡製雪糕的奶品來自英國薩默塞特的農場，而乾果配料則來自意大利。覆盆子和士多啤梨是這裡人氣之選。

地址：102 Wardour Street, London W1F 0TP
電話：020-7287-1045
時間：週一至週五 2:00pm-11:00pm，週六及週日 1:00pm-11:00pm
網頁：http://snowflakegelato.co.uk

★ INFO

右側書邊標籤：Oxford Circus | SOHO | Westminster | South-bank | Russell Square | Covent Garden & Temple | Tower Hill & Brick Lane | Knights-bridge | Hyde Park & Notting Hill | Regent's Park

老字號百貨店
丹本漢百貨 Debenhams

27 ⭐ **MAP** 1-8 **B2**

🚗 乘地鐵 Central 或 Jubilee 線至 Bond Street 站，出站後步行約 5 分鐘即達

★★★
牛津廣場
蘇豪區
西敏寺
南岸
羅素廣場
考文特花園及聖殿區
及倫敦塔山紅磚巷
騎士橋
及海德公園諾丁山
攝政公園

位於牛津街的丹本漢百貨是一家在全世界擁有眾多分店的老牌百貨，店內除了經營男裝、女裝、童裝、配件、家居飾品、玩具等商品外，還設有CLARINS Skin Spa，提供臉部、身體保養和彩妝服務，同時還對顧客提供免費個人購物顧問服務。

地址：334-348 Oxford Street, London W1C 1JG
電話：084-4561-6161
時間：週一至週六 9:30am-9:00pm，週日 12:00nn-6:00pm
網頁：www.debenhams.com
⭐ *INFO*

200年歷史的貴族購物街
伯靈頓拱廊 Burlington Arcade

28 ⭐ **MAP** 1-8 **D3**

🚗 乘地鐵 Piccadilly 線至 Piccadilly Circus 站，北側出口出站後步行 10 分鐘即達

玻璃屋頂的伯靈頓拱廊擁有200多年歷史，當年卡文迪許勳爵 (Lord Cavendish) 興建了這個歐洲最早批的購物中心，一來為阻止途人把垃圾丟入其伯靈頓府 (Burlington House) 的花園，二來能讓他的妻子及其他上流社會的貴族可以安全地購物。

現在內有大約40間商店，主要售賣高檔貨品如 Crockett & Jones 的手製皮鞋、Nourbel & Le Cavelier 的寶石戒指、絕版古董勞力士、瓶身鑲有施華洛世奇水晶的超奢華香水 Roja Parfums 等，英倫貴氣仍然不減。

地址：51 Piccadilly, Mayfair, London W1J 0QJ
電話：020-7493-1764
時間：週一至週四 12:00nn-12:00mn，週五至週六 12:00nn-1:00am，週日 12:00nn-11:00pm（逢週四至週六 5:00pm 後只限 21 歲以上人士進入）
網頁：www.burlingtonarcade.com/
⭐ *INFO*

蘇豪區
SOHO

交通策略

Oxford Circus	➡ Bakerloo line • 2分鐘	Piccadilly Circus	➡ Piccadilly line • 2分鐘	Leicester Square
Westminster	➡ Jubilee line • 2分鐘	Green Park（轉車）	➡ Piccadilly line • 1分鐘	Piccadilly Circus

推介景點

萊斯特廣場
Leicester Square
影視娛樂中心

Fortnum & Mason
皇室英式下午茶

查令十字街
Charing Cross Road
文青必訪書街

Bar Rumba
知名DJ音樂搖籃

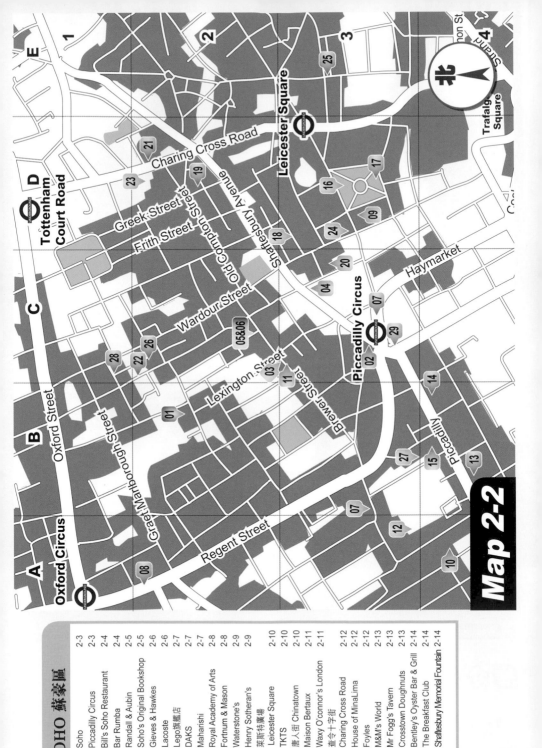

Map 2-2

倫敦夜生活天堂 **01** ⭐🔍 MAP 2-2 B2
Soho

🚇 乘地鐵 Piccadilly 線至 Piccadilly Circus 站，出站即達

　　倫敦的 Soho 區曾經是外國移民的居住區，18世紀時逐漸發展成為小劇院和眾多聲色場所聚集的街區，19世紀時又有大量小酒館和餐廳紛紛進駐，眾多作家、詩人和文藝人士聚集在這裡，成為倫敦一處時髦的社交聚會場所。今時今日，Soho 區依舊是倫敦夜生活的首選，大大小小音樂、反串表演，以及餐廳和酒吧散落在此，是感受倫敦現代夜生活的絕佳選擇。

地址：Oxford Street 以南、Regent Street 以東、
　　　 Charing Cross Road 以西、Shaftesbury Avenue
　　　 以北；Leicester Square 與唐人街也屬其範圍內
時間：各商鋪營業時間不同

 ⭐ INFO

倫敦娛樂世界的心臟 **02** ⭐🔍 MAP 2-2 C3
皮卡迪利廣場 Piccadilly Circus

🚇 乘地鐵 Piccadilly 線至 Piccadilly Circus 站，下車即達

　　皮卡迪利廣場位於倫敦市中心，所處的地理位置是倫敦市著名的交通樞紐，好幾條繁華大街匯聚在這裡，所以這座廣場被稱為「倫敦的肚臍」。此外，廣場還是倫敦娛樂世界的心臟，在周圍幾百米內有倫敦最著名的劇場和影院、最有名的餐館和最豪華的夜總會，是SOHO 區的娛樂中樞。

地址：Piccadilly Circus, London W1D 5DQ

⭐ INFO

Oxford Circus
SOHO
Westminster
South-bank
Russell Square
Covent Garden & Temple
Tower Hill & Brick Lane
Knights-bridge
Hyde Park & Notting Hill
Regent's Park

新鮮農家菜

Bill's Soho Restaurant

03 ⭐ **MAP** 2-2 **C2**

🚇🚌 乘地鐵 Piccadilly 線至 Piccadilly Circus 站，出站後步行約 5 分鐘

⭐⭐⭐

Bill's在英國各地有多間分店，其創辦人於農場家庭長大，由於從事蔬果商起家，也成為了該餐廳的經營特色，就是提供當季的新鮮蔬果在菜式中，同時有無肉素食的選項。而SOHO店每週五晚上9點有Live music表演，喜歡爵士、靈魂音樂的朋友可以去 Chill 下。

地址：36-44 Brewer St, London W1F 9TB
電話：020-4512-6666
時間：週一至週四 8:00am-11pm，週五至週六 8:00am-12:00mn，週日及公眾假期 9:00am-10:00pm
網頁：bills-website.co.uk
⭐ **INFO**

知名DJ 音樂搖籃 ⭐ **MAP** 2-2 **C3**

Bar Rumba **04**

🚇🚌 乘地鐵 Piccadilly 線至 Piccadilly Circus 站，沿 Shaftesbury Ave. 步行 3 分鐘即達

可容納400餘人的 Bar Rumba 成立於1993年，每天夜晚這裡都人聲鼎沸，Bar Rumba 的一大特色，是這裡每晚都有各種不同的音樂主題。此外，Bar Rumba 還是 Gilles Peterson、Roni Size 等全球知名的 DJ 曾經叱吒風雲的地方，在這裡經常可以看到來自不同國家的遊客慕名而來，加入狂歡的人群。

地址：36 Shaftesbury Avenue, London W1D 7EP
電話：020-7287-6933
時間：週一至週日 7:30pm-3:00am
費用：25-300 英鎊不等
網頁：www.barrumbadisco.co.uk
⭐ **INFO**

牛津廣場
蘇豪區
西敏寺
南岸
羅素廣場
考文特花園及聖殿區
及紅磚巷
倫敦塔山
騎士橋
海德公園及諾丁山
攝政公園

蘇豪聞名的海鮮餐
Randall & Aubin

乘地鐵 Piccadilly 線至 Piccadilly Circus 站，沿 Shaftesbury Ave. 轉入 Lexington St.，再轉入 Brewer St.，全程約 10 分鐘

Randall & Aubin 是一家經營海鮮料理的餐廳，餐廳內的空間用水晶吊燈和特殊鏡球來裝飾，使得食客的視野更開闊。在這裡不僅可以看到各式海鮮食材，還可以一覽開放式廚房內的廚師們忙碌地工作。Randall & Aubin 內除了各種新鮮味美的海鮮料理外，食客還可以品嘗這裡口感濃郁的羅勒番茄湯，以及烤雞、法國麵包三文治等美食。

地址：14-16 Brewer Street, Soho, London W1F 0SG
電話：020-7287-4447
時間：週一至四 12:00nn-11:00pm；週五至六 12:00nn-12:00mn；週日 12:00nn -10:00pm
消費：30-45 英鎊
網頁：www.randallandaubin.com **INFO**

街角上的情趣書店 **06**
Soho's Original Bookshop

MAP 2-2 C2

乘地鐵 Piccadilly 線至 Piccadilly Circus 站，沿 Shaftesbury Ave. 轉入 Lexington St.，再轉入 Brewer St.，全程約 10 分鐘

Soho's Original Bookshop 成立於1993年，是一家把書店和情趣商店相結合的連鎖商店。書店內的一樓可以尋覓到各種藝術、建築、設計、烹飪、歷史、攝影等書籍。地下室則是另一番截然不同的場面，各種成人書籍、雜誌、DVD，以及各式各樣品類繁多、充滿想像力的情趣玩具琳瑯滿目，可以滿足各種顧客的不同需要。

地址：12 Brewer Street, London W1F 0SF
電話：020-7492-1615
時間：週一至週六 10:00am- 次日凌晨 1:00am，週日 11:00am-9:00pm
網頁：www.sohobooks.co.uk **INFO**

英國皇室的御用裁縫
Gieves & Hawkes

07 ⭐ MAP 2-2 **B3**

乘地鐵 Piccadilly 線至 Piccadilly Circus 站，由 Regent Street 出口出站後步行約 6 分鐘即達

牛津廣場

蘇豪區

西敏寺

南岸

羅素廣場

考文特花園及聖殿區

倫敦塔山及紅磚巷

騎士橋

諾丁山

海德公園及

攝政公園

毗鄰攝政街的 Savile Row 是英國最有名的高級裁縫街，西裝一詞的詞源據說就是從其英文發音而來，其中位於 Savile Row 1號的 Gieves & Hawkes 更是個中翹楚，早在18世紀就開始為倫敦紳士和貴族服務，並擁有英國皇室頒發的御用證書。Gieves & Hawkes 除了可以度身訂做各種西裝、制服外，還可以購買到各種做工精緻的襯衫、針織衫、休閒服、領帶、皮帶、袖扣、鞋子和襪子。

⭐ **INFO**

地址：1 Savile Row, London W1S 3JR
電話：020-7432-6403
時間：週一至週五 10:00am-7:00pm，
　　　週六 10:00am-5:00pm，
　　　週日休息
網頁：www.gievesandhawkes.com

歷史悠久的鱷魚品牌

🔍 MAP 2-2 **A2**

Lacoste **08**

Central、Bakerloo 或 Victoria 線至 Oxford Circus 站，出站後步行約 3 分鐘即達

Lacoste 品牌的創立者 Rene Lacoste 出生於法國，曾在20世紀30年代奪得兩次法國網球公開賽冠軍、兩次英國溫布頓冠軍，和一次美國公開賽冠軍。1933年他與法國當時最大的針織衫廠商合作銷售繡有鱷魚 logo 的網球衫、高爾夫球衫以及帆船運動衫，成為全世界第一個將商標繡在衣服外的品牌。

地址：233 Regent Street, London W1B 2EQ
電話：020-7491-8968
時間：週一至週六 10:00am-8:00pm，
　　　週日 11:00nn-7:00pm
網頁：www.lacoste.com

⭐ **INFO**

全球最大！ **09** 🔍 MAP 2-2 D3
Lego 旗艦店

🚇🚗 乘地鐵 Piccadilly 線至 Piccadilly Circus 站，出站後步行 3 分鐘

Leicester Square 的 Lego 旗艦店，上下兩層佔地過萬平方呎，全店用上過百萬塊 Lego，製作出多個倫敦地標及名物，包括6.5米高的大笨鐘、用60萬塊 Lego 砌成的1:1倫敦地鐵及地鐵圖等。2樓設有 DIY 場地，可砌出自己心水的 Lego 人仔，最適合小朋友發揮創意！

地址：3 Swiss Court, W1D 6AP London　時間：週一至六 10:00am-10:00pm，周二至 6pm；週日 12:00pm-6:00pm
電話：020-7839 3480　網頁：www.lego.com/en-gb/stores/stores/uk/london-leicester-square ⭐INFO

英倫高級服飾品牌 **10**
DAKS 🔍 MAP 2-2 A4

🚇🚗 乘地鐵 Piccadilly 線至 Piccadilly Circus 站，沿 Royal Academy 方向出站後步行約 10 分鐘即達

DAKS 是創立於1934年的英國高級服飾品牌，持有3個英國皇家御用證明。DAKS 品牌的創立者西蒙・辛普森曾是東倫敦知名的高級定製服裝裁縫，產品堅持細膩車工與專業設計。

地址：10 Old Bond Street, London W1　電話：020-7409-4040
時間：平日及週六 10:00am-6:30pm，週四 10:00am-7:00pm，，週日休息　網頁：www.daks.com ⭐INFO

強調原創風格 🔍 MAP 2-2 C3
Maharishi **11**

🚇🚗 乘地鐵 Piccadilly 線至 Piccadilly Circus 站，出站後步行約 5 分鐘即達

創立於1994年的 Maharishi 是一個將塗鴉、迷彩圖案與日本圖騰一同應用在服飾與配件上的服裝品牌。位於倫敦 Great Pulteney Street 的這家 Maharishi 擁有兩層樓的營業面積，除展售男裝、女裝和童裝外，也販賣一些與 Maharishi 品牌風格相近的書籍，如日本藝術、軍服、超人等主題書和在歐美頗受歡迎的日本玩具。充滿濃郁日式風格的室內裝飾、牆面裝飾的插畫作品也一同成為了這家店的特色之一。

地址：2-3 Great Pulteney St, City of Westminster, London W1F 9LY　電話：020-7287-0388
時間：週一至週六 11:00am-7:00pm，週日 12:00nn-5:00pm　網頁：www.maharishistore.com ⭐INFO

倫敦 LONDON

★★★
Oxford Circus
SOHO
Westminster
South-bank
Russell Square
Covent Garden & Temple
Tower Hill & Brick Lane
Knights-bridge
Hyde Park & Notting Hill
Regent's Park

世界四大美術學院之一
皇家美術院 Royal Academy of Arts

12 🔍 ✪ MAP 2-2 A3

🚖 乘地鐵 Piccadilly 線至 Piccadilly Circus 站，北側出口出站步行 5 分鐘即達

★★★
由英國國皇喬治三世於1768年創立的皇家美術院，最初曾邀請了近百位院士推廣油畫、版畫、雕塑和建築藝術，之後逐漸演變成為私人藝術展館，由眾多在藝術和建築領域享有盛譽的學院會員進行日常運作。這裡每年都會舉辦各種規模不同的主題展覽，其中一年一度的夏季展覽，更是在倫敦藝術界享負盛名。

牛津廣場
蘇豪區
西敏寺
南岸
羅素廣場
考文特花園及聖殿區
倫敦塔山及紅磚巷
騎士橋
海德公園及諾丁山
攝政公園

地址：Burlington House, London W1J 0BD
電話：020-7300-8000
時間：週二至週日 10:00am-6:00pm，週五至 9:00pm，週一休息
費用：免費入場，部份展覽需收費
網頁：www.royalacademy.org.uk
★ *INFO*

皇室至愛極品紅茶 **13** 🔍 ✪ MAP 2-2 B4
Fortnum & Mason

🚖 乘地鐵 Piccadilly 線至 Piccadilly Circus 站，出站後步行約 10 分鐘即達

英國下午茶的歷史悠久，成立於1707年的 Fortnum & Mason 迄今已有300餘年歷史，早在安妮女皇時期已在貴族圈中受到好評。1863年，由威爾斯親王頒發了皇室認證章，從而成為了英國皇室的御用品牌，現今依舊可以在店門外看到女皇頒發的認證章。在這裡可以享用到各種精緻的甜品和茶，亦可選購高級的骨瓷茶具與刀叉。在品嘗下午茶的同時，還可以欣賞現場的鋼琴演奏，感受英國貴族的下午茶時光。

地址：181 Piccadilly, London W1A 1ER
電話：020-7734-8040
時間：週一至週六 10:00am-8:00pm，週日 11:30am-6:00pm
網頁：www.fortnumandmason.com
★ *INFO*

歐洲最大規模書店
Waterstone's

14 ⭐ **MAP** 2-2 **B4**

🚗 乘地鐵 Piccadilly 線至 Piccadilly Circus 站,出站後步行約 2 分鐘即達

Waterstone's 皮卡迪利廣場分店樓高6層,內擁有超過15萬種出版品,書店中還設有活動場地,如碧咸、披頭四樂隊的保羅・麥卡尼、美國前總統克林頓夫婦等,都曾在此舉辦簽售活動。位於書店6樓的ViewBar,是一處可以讓人一邊享用雞尾酒和咖啡,一邊欣賞窗外倫敦街景的地方,是愛書的遊客來到倫敦後不可錯過的大型書城。

地址:203-206 Piccadilly, London SW1Y 6WW
電話:020-7851-2400
時間:週一至週六 9:00am-9:00pm
　　　週日 12:00nn-6:00pm
網頁:www.waterstones.com

⭐ **INFO**

世界最老牌古籍經營家
Henry Sotheran's

15 ⭐ **MAP** 2-2 **B4**

 乘地鐵 Piccadilly 線至 Piccadilly Circus 站,出站後步行約 5 分鐘右轉至 Sackville Street 即達

從1761年起就在英國約克郡經營古籍生意的 HenrySotheran,於1815年在倫敦開設了Sotheran's,在店中經營各種古籍藏書,近200年來一直被稱為「全世界最老牌的古籍經營家」。在Sotheran's 內,遊客不僅可以購買16-20世紀的手稿、書籍、聖經、祈禱書,以及莎士比亞、牛頓、狄更斯、約翰・古德等文人的藏書手抄稿等,書店還提供尋找、代理拍賣、建立書庫和古籍修復等相關業務的服務,是私人收藏家和愛書人不可錯過的一家古籍經營店。

地址:2 Sackville Street, London W1S 3DP
電話:020-7439-6151
時間:週一至週五 9:30am-6:00pm,週六及週日休息
網頁:www.sotherans.co.uk

⭐ **INFO**

Oxford Circus ⭐⭐⭐
SOHO ⭐
Westminster
South bank
Russell Square
Covent Garden & Temple
Tower Hill & Brick Lane
Knights-bridge
Hyde Park & Notting Hill
Regent's Park

牛津廣場
蘇豪區
西敏寺
南岸
羅素廣場
及聖殿區
考文特花園
倫敦塔山
及紅磚巷
騎士橋
諾丁山
海德公園及
攝政公園

影視娛樂中心
萊斯特廣場 Leicester Square

16 🔍 MAP 2-2 D3

🚌 乘地鐵 Piccadilly 線至 Leicester Square 站，下車 步行約 2 分鐘 即達

★★★

　　毗鄰 Coventry Street 和皮卡迪利廣場的萊斯特廣場，周圍擁有 7 座大型影院和眾多劇院，廣場中央的公園矗立著世界聞名的英國劇作家威廉・莎士比亞和喜劇明星卓別林的雕像，周圍聚集著眾多街頭藝人和畫家，是一處旺中帶靜的地方。此外，各種電影首映會也選擇在這裡舉辦，在廣場四周嵌有明星手印，如同荷里活的星光大道一般，吸引了眾多遊客在這裡拍照留念。

地址：Leicester Square, London W1D 5DQ ★INFO

一票難求 TKTS 17 🔍 MAP 2-2 D3

🚌 乘地鐵 Piccadilly 線至 Leicester Square 站，出站步行 3 分鐘即達

　　到倫敦欣賞歌劇，是很多遊客的指定行程，但名劇不但一票難求，而且門票動輒數十至一百鎊。其實可以到位於萊斯特廣場 (Leicester Square) 的 TKTS 售票亭碰碰運氣，它們會出售當天在倫敦西區上演的門票，折扣更可高達 5 折，連人氣最高的《貓》(Cats)、《孤星淚》(Les Misērables) 和《歌聲魅影》(The Phantom of the Opera) 都有機會找到。Leicester Square 一帶除了 TKTS，還有一些號更便宜的流動票販，但只有 TKTS 被官方承認，信譽有保證。

地址：The Lodge (The Clock Tower), Leicester Square, London WC2H 7DE
電話：020-7557-6789
時間：週一至週六 10:00am-7:00pm，週日 11:00am-4:30pm
網頁：www.tkts.co.uk ★INFO

亞洲美食天堂
唐人街 Chinatown

18 🔍 MAP 2-2 D3

🚌 乘地鐵 Piccadilly 線至 Leicester Square 站，出站步行 5 分鐘即達

　　位於 Lisle Street 和 Gerrard Street 之間的唐人街，於二戰後由大批香港移民引入各種廣式風味的餐廳，亦有很多日本、韓國、越南、馬來西亞餐廳林立其間，堪稱是倫敦的一處亞洲美食天堂。此外，唐人街內還可以買到各種面值的國際電話卡、中文報紙雜誌、即食麵、中藥等各種華人日常生活中不可缺少的東西，因而廣受留學生歡迎。

地址：Gerrard Street, Westminster, London W1D6JN
時間：各商舖營業時間不同 ★INFO

氣氛溫馨的糕餅店
Maison Bertaux

19 🔍 MAP 2-2 **D2**

倫敦 LONDON

🚗 乘地鐵 Piccadilly 線至 Leicester Square 站，出站後步行 10 分鐘即達

藍白色的店面充滿濃濃的法國街頭氣息，這是創業於1871年的 Maison Bertaux。在百餘年的歷史中，一直以家庭式的溫馨風格以及各種美味誘人的法式糕點聞名，而且甜而不膩。其中最受歡迎的，就是這裡主打的牛角包、芝士蛋糕及法式栗子蛋糕。此外，Maison Bertaux 內的紅茶及咖啡更是獲得客人一致好評，是來到倫敦後絕對不可錯過的糕餅老店。

地址：28 Greek Street, Soho, London W1D 5DQ
電話：020-7437-6007
時間：每日 9:30am-6:00pm
網頁：www.maisonbertaux.com

⭐ *INFO*

地下教堂酒吧
Waxy O'connor's London

20 🔍 MAP 2-2 **C3**

 乘地鐵 Piccadilly 線至 Piccadilly Circus 站，出站後步行約 2 分鐘

位於唐人街附近的Waxy O'Connor's，這家酒吧的裝潢相當特別，保有一種中世紀地窖的氛圍，因為酒吧本身是一座地下教堂，店內仍保留著教堂的痕跡包括告解室，甚至有棵樹在室內，給人一種別有洞天的獨特設計。酒吧每晚都有現場Live Music，人氣度甚高。

地址：14-16 Rupert Street, London, W1D 6DD
電話：020-7287-0255
時間：週一至週二 5:00pm-11:00pm，週三及四至 11:30pm，週五 3:00pm-12:00mn，週六 12:00nn-12:00mn，週日 12:00nn-10:30pm

⭐ *INFO*

Oxford Circus ★★★

SOHO

Westminster

South-bank

Russell Square

Covent Garden & Temple

Tower Hill & Brick Lane

Knights-bridge

Hyde Park & Notting Hill

Regent's Park

倫敦著名書店街
查令十字街 Charing Cross Road

21 ⊛ MAP 2-2 D2

🚌 乘地鐵 Piccadilly 線至 Leicester Square 站，出站即達

在真實改篇的電影小説《84 Charing Cross Road》中，兩位主角－來自美國紐約劇作家及書店的採購員因二手書而結緣，並以書信來往長達二十多年，經歷時局變遷的故事，令世人更認識查令十字街這條書店街。街上除了各種大規模的綜合書店外，最吸引愛書人和遊客的，就是這裡各式各樣的主題書店和舊書店，喜歡尋寶的人一定不可錯過。

地址：Charing Cross Road, London ⭐INFO

★★★
牛津廣場
蘇豪區
西敏寺
南岸
羅素廣場
考文特花園
及聖殿區
倫敦塔山
及紅磚巷
騎士橋
諾丁山
海德公園及
攝政公園

哈利波特文具店
House of MinaLima

⊛ MAP 2-2 C2 **22**

🚌 乘地鐵 Central 線至 Oxford Circus 站，出站後步行約 5 分鐘

一踏入店內，彷彿置身於魔法世界之中，充滿奇幻風格的一家文具店。店內展出由兩位負責設計 Harry Potter 電影的平面設計師作品，大家可以看到電影的場景設計、道具設計，包括霍格華茲的入學通知信、預言家日報、戲內通緝犯海報等等。影迷們可以購買電影中曾出現過的各種道具複製品、明信片及筆記本等文具。

地址：157 Wardour Street, Soho, London, W1F 8WQ
時間：11:00am-6:00pm　　**電話**：020-3214-0000
網頁：https://minalima.com/ ⭐INFO

健力士書店 ⭐ MAP 2-2 D2
Foyles **23**

🚌 乘地鐵 Piccadilly 線至 Leicester Square 站，出站後步行約 10 分鐘即達

成立於1903年的 Foyles，現今已有100多年歷史，這間地處查令十字街上的總店，曾經被健力士世界紀錄記載為全世界規模最大的書店，它的圖書種類繁多，除了各種流行期刊和暢銷書外，各種翻譯小説、旅遊、時尚、人文和烹飪類圖書也是琳瑯滿目，各種喜好的人都可以在這裡尋找到自己滿意的圖書。

地址：107 Charing Cross Road, London, WC2H 0DT
電話：020-7437-5660
時間：週一至週六 9:00am-9:00pm，週日 11:30am-6:00pm
網頁：www.foyles.co.uk ⭐INFO

令人難以抗拒的朱古力豆 🔍 MAP 2-2 D3

M&M's World ㉔

🚗 乘地鐵 Piccadilly 線至 Piccadilly Circus 站，
出站後步行 3 分鐘

　　不論大人還是小朋友，對於這幾粒不同顏色的朱古力豆總是不能抗拒的。M&M's World 在全球設有6間分店，倫敦佔其中一席，店舖面積相當龐大，一共四層，主題全都圍繞幾粒朱古力豆主角，十足十小型博物館。除了售賣不同包裝，甚至個人化的朱古力，更有大量各式各樣的周邊商品，不少更是倫敦限定呢！

地址：Swiss Court, 1 Leicester Square, London W1D 6AP
電話：020-7025-7171
時間：週一至週六 10:00am-9:00pm，週日至 12:00nn-6:00pm
費用：免費　　**網頁**：www.mmsworld.com ⭐INFO

劇院區酒吧 ㉕ ⭐🔍 MAP 2-2 E3

Mr Fogg's Tavern

🚗 乘地鐵 Piccadilly 線至 Leicester Square 站，
出站後步行約 2 分鐘

　　這間酒館的墨綠色外牆配搭玻璃櫥窗，裝潢就像小說中的地道英式小酒館。酒館位於劇院區的中心，每逢週末的夜晚客人都絡繹不絕。 ⭐INFO

地址：58 St. Martin's Lane, Covent Garden, London, WC2N 4EA
電話：020-7581-3992
時間：週日至週一 12:00nn-11:00pm，
週二至週六 12:00nn-1:00am
網頁：www.mr-foggs.com/mr-foggs-tavern

健康手工冬甩 ㉖ ⭐🔍 MAP 2-2 C2

Crosstown Doughnuts

🚗 乘地鐵 Piccadilly 線至 Piccadilly Circus 站或
Leicester Square 站，出站後步行約 10 分鐘

　　想吃冬甩來來去去只會想起Krispy Kreme，但其實在倫敦有很多更新鮮健康的選擇。當中最威水的就一定要數Crosstown Doughnuts，在14年只是個小攤檔，但到今天除了在 SOHO 區設有專門店外，另亦供應給40多間食肆。冬甩用酸麵糰加新鮮酵母長時間發酵，吸收油份較少，但又做到口感鬆軟，絕非其他冬甩店能及，記得不要太晚去，因為所有冬甩售完即止！

地址：4 Broadwick St, London W1F 0DA　　**電話**：020-7734-8873　　**網頁**：www.crosstowndoughnuts.com
時間：週日至週四 10:00am-8:00pm，週五至週六 10:00am-9:00pm ⭐INFO

倫敦 LONDON

Oxford Circus

SOHO

Westminster

South-bank

Russell Square

Covent Garden & Temple

Tower Hill & Brick Lane

Knights-bridge

Hyde Park & Notting Hill

Regent's Park

牛津廣場 蘇豪區 西敏寺 南岸 羅素廣場 考文特花園及聖殿區 倫敦塔山及紅磚巷 騎士橋 諾丁山 海德公園及 攝政公園

百年蠔吧
Bentley's Oyster Bar & Grill

27 ⊛ MAP 2-2 **B3**

乘地鐵 Piccadilly 線至 Piccadilly Circus 站，出站後步行 8 分鐘

Bentley's Oyster Bar & Grill 在 1916 年開業，目前由米芝蓮名廚 Richard Corrigan 打理，餐廳分 Oyster Bar 及 The Grill 兩部分，主打新鮮生蠔及扒類美食，而且堅持採用英國本土食材，保證客人能吃到當造的新鮮食材。

地址：11-15 Swallow St, Mayfair W1B 4DG, London　電話：020-7734-4756
時間：週一至週六 12:00nn-3:30pm、5:00pm-10:00pm；週日至 9:00pm
網頁：www.bentleys.org
★ INFO

⊛ MAP 2-2 **C1** 倫敦最人氣英式早餐
28 # The Breakfast Club

乘地鐵 Central 線至 Oxford Circus 站步行約 5 分鐘

在週末早上總會看到人龍的 The Breakfast Club，在英國有十一間分店，全日供應早餐及 Brunch。雖然説是早餐，但食物種類也很多，有英式早餐、班尼迪蛋、鬆餅、三文治、Pancake 及乳酪等，當中也不乏素食選擇。五點後的晚間更有傳統英國菜如肉腸薯蓉、芝士通心粉、香蕉拖肥批等，絕對不可以錯過！

地址：33 D'Arblay Street W1F 8EU London　電話：020-7434-2571
時間：週一至週五 7:30am-10:00pm，週六 8:00am-10:00pm，週日 8:00am-7:00pm
網頁：www.thebreakfastclubcafes.com
備註：週一至週六 6:00pm 後可預約
★ INFO

愛神紀念噴泉
Shaftesbury Memorial Fountain

29 ⊛ MAP 2-2 **C3**

乘地鐵 Piccadilly 線至 Piccadilly Circus 站，出站即達

俗稱「愛神」（Eros）的一座噴泉，位於 Piccadilly Circus 站東南側，其頂部是 Anteros 的天使造型雕像，噴泉於 1893 年建造，是此區的地標之一，平日都坐滿遊客。

地址：Piccadilly Circus, London W1J 9HS
★ INFO

西敏寺
Westiminster

交通策略

Oxford Circus	Ⓔ Central line • 1分鐘	**Bond Street（轉車）**	Ⓔ Jubilee line • 4分鐘	**Westminster**	

Pimlico	Ⓔ Victoria line • 1分鐘	**Victoria**	Ⓔ District line / Circle line • 1分鐘	**James's Park**

Westminster Ⓔ District line / Circle line • 2分鐘

Charing Cross	Ⓔ Northern line / Bakerloo line • 1分鐘	**Embankment（轉車）**	Ⓔ District line / Circle line • 1分鐘	**Westminster**

推介景點

西敏寺教堂
Westminster Abbey
國皇加冕的教堂

大笨鐘
Big Ben
倫敦頭號地標

白金漢宮
Buckingham Palace
英國皇宮

不列顛泰特美術館
Tate Britain
世界一流美術館

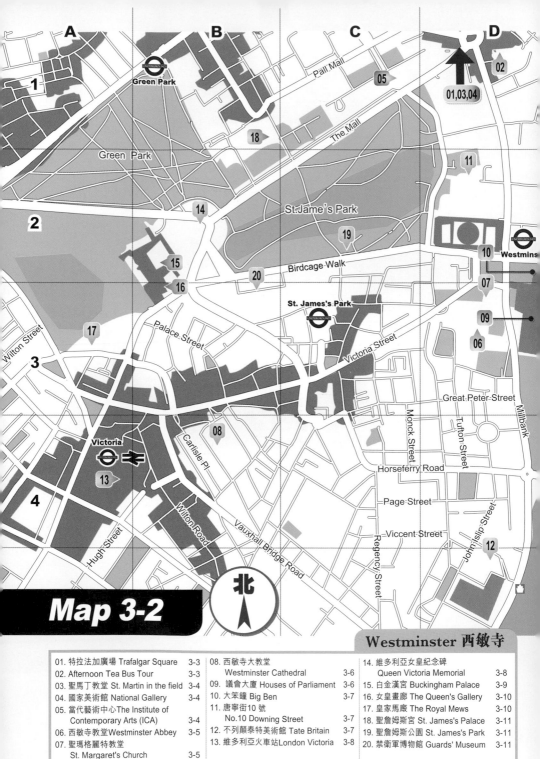

Map 3-2

北

特拉法加廣場 Trafalgar Square

01 ⭐🔍 MAP 3-2 D1

倫敦 LONDON

🚇🚌 乘地鐵 Northern 線至 Charing Cross 站，出站即達

　　1805年，英國海軍上將納爾遜 (Horatio Nelson) 指揮的英國艦隊，與拿破崙率領的法國、西班牙艦隊，在西班牙的特拉法加港海面上遭遇。雖然最終英國艦隊以少勝多，但納爾遜卻不幸被流彈擊斃。為紀念這場特拉法加港海戰，廣場中心豎立著一座圓柱形紀念碑及石柱上的納爾遜全身銅像，而廣場亦成了倫敦大小盛事的場地。

> **地址**：Trafalgar Square, City of Westminster, London WC2N
> **電話**：020-7983-4100
> **時間**：24 小時　　**費用**：免費　⭐ INFO

巴士上豪歎下午茶

Afternoon Tea Bus Tour

02 ⭐🔍 MAP 3-2 D1

🚇🚌 乘地鐵 Northern 線至 Charing Cross 站，出站步行約 3 分鐘即達

　　香港人自細被教育不可在公共交通工具內飲食，但循規蹈矩的英國人卻公然在巴士上大吃大喝？說的原來是倫敦著名飲食集團 B Bakery 經營的下午茶巴士服務。巴士以 Trafalgar Square 為起點及終站，途經著名景點包括大笨鐘、白金漢宮、諾丁山等，全程約1.5小時。乘客可以一邊欣賞倫敦市美景，一邊享用馬卡龍、三文治及蘑菇批等精美點心。45鎊的車資雖然略貴，但美食加靚景，你又如何抗拒？

> **地址**：上車處 8 Northumberland Avenue；下車處 Trafalgar Square　　**電話**：0-20-3026-1188
> **時間**：可選擇 Victoria Coach Station 或 Trafalgar SQ 上車，12:00nn、12:30nn、1:00pm、2:30pm、3:00pm、3:30pm、5:00pm
> **費用**：成人 45-57 英鎊，小童 35-47 英鎊　　**網頁**：london.b-bakery.com　　**備註**：必須網上預訂　⭐ INFO

最古老的建築
聖馬丁教堂 St. Martin in the Field

03 ⭐ MAP 3-2 D1

 乘地鐵 Northern 線至 Charing Cross 站，出站即達

聖馬丁教堂建於1726年，但其歷史最早可追溯至13世紀，是特拉法爾加廣場最古老的建築之一。外觀宏偉的聖馬丁教堂擁有一座56米高的尖塔，曾在「二戰」期間作為防德國空軍轟炸的庇護所而聞名。1864年秋天，馬克思領導的第一國際成立大會，也在聖馬丁教堂舉行。1957年在教堂成立的聖馬丁樂團，更錄製了大量巴洛克及古典音樂唱片，深受音樂愛好者喜愛。

地址：Trafalgar Square, London WC2N
時間：週四至週二 9:00am-5:00pm，週三 12:00nn-7:30pm
電話：020-7766-1100　　**費用**：免費
網頁：stmartin-in-the-fields.org
⭐ **INFO**

藝術品聖殿
國家美術館 National Gallery

04 ⭐ MAP 3-2 D1

 乘地鐵 Northern 線至 Charing Cross 站，出站即達

國家美術館分為東南西北4個側翼，所有作品按照年代順序展出。西翼展出的是1510-1600年文藝復興全盛時期意大利和日爾曼的繪畫；北翼收藏有1600-1700年的繪畫，有荷蘭、意大利、法國和西班牙的繪畫，其中有兩間林布蘭的專題展室，以及 Diego Velazquez 的維納斯油畫；東翼的1700-1900年繪畫包含了18、19及20世紀初的威尼斯、法國和英國繪畫，其中風景畫是一大特色，也有浪漫派和印象派等許多佳作。

地址：Trafalgar Square, London WC2N 5DN
時間：10:00am-6:00pm，週五延長至 9:00pm
電話：020-7747-5942　　**費用**：免費
網頁：nationalgallery.org.uk
⭐ **INFO**

前衛藝術重鎮
當代藝術中心 (ICA)

05 ⭐ MAP 3-2 C1

 乘地鐵 Northern 線至 Charing Cross 站，出站步行 5 分鐘即達

由藝術家、詩人和作家共同在1947年創立的當代藝術中心，致力於跨領域創作的推廣，為現代藝術家提供了一處發表作品，並與參觀者之間進行互動交流的平台。當代藝術中心除了引進過畢卡索與波洛克兩位現代藝術大師的作品外，也陸續介紹過普普、歐普藝術以及建築設計等內容，並在半個世紀內持續推動了視覺藝術、數位藝術、音樂、電影等現代藝術的發展。

地址：The Mall, London SW1Y 5AH
電話：020-7930-3647
時間：週二至週四 12:00nn-11:00pm，週五及週六 12:00nn-12:00pm，週日 12:00nn-11:00pm
網頁：www.ica.org.uk
⭐ **INFO**

英國國皇加冕的聖堂

西敏寺教堂 Westminster Abbey

🚇 乘地鐵 Circle 或 District 線至 Westminster 站，出站後步行 5 分鐘即達

始建於1065年的西敏寺教堂前後經歷了約700年的修建，最後才於1745年完成今天十字架形主體建築的壯觀模樣。自征服者威廉一世於1066年在這座教堂內加冕以來，便成了歷代國皇舉行加冕儀式的場地。同時在近千年的歷史中，這裡亦安葬了達爾文、牛頓和邱吉爾等歷史巨人，遊覽一圈絕對可令人對英國歷史有更深刻的認識。

地址：20 Dean's Yard, London SW1P 3PA
電話：020-7222-5152
時間：週一、二、四及五 9:30am-3:30pm，週三 4:30pm-6:00pm，(5月至8月) 週六 9:00am-3:00pm；(9月至4月) 週六 9:00am-1:00pm，週日只作崇拜之用
費用：成人 27 英鎊、超過 65 歲長者及學生 24 英鎊、小童 6 至 16 歲 12 英鎊、5 歲以下免費 (持 London Pass 可免費進入)
網頁：westminster-abbey.org

⭐ INFO

教堂內的天花

牛頓在教堂內的墓碑

英皇愛德華的御座

名人婚禮熱門場所

聖瑪格麗特教堂
St.Margaret's Church

🚇 乘地鐵 Circle 或 District 線至 Westminster 站，出站後步行 5 分鐘即達

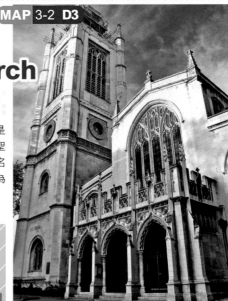

毗鄰西敏寺教堂的聖瑪格麗特教堂，曾是英國國會的專屬教堂，擁有獨特古樸風韻的聖瑪格麗特教堂，因為邱吉爾、約翰·彌爾頓等名人的婚禮都曾在此舉行而名聲大噪，進而成為倫敦上流社會舉辦婚禮的熱門場所。

地址：St Margaret Street, London SW1P 3JX
時間：週一至週六 10:30am-1:00pm，週日休息
電話：020-7654-4840　　**費用**：免費
網頁：www.westminster-abbey.org/st-margarets

⭐ INFO

Oxford Circus
SOHO
Westminster
South bank
Russell Square
Covent Garden & Temple
Tower Hill & Brick Lane
Knights-bridge
Hyde Park & Notting Hill
Regent's Park

英國最大的天主教堂

08 ★ MAP 3-2 B4

西敏寺大教堂 Westminster Cathedral

牛津廣場
蘇豪區
西敏寺
南岸
羅素廣場
及考文特花園及聖殿區
倫敦塔山及紅磚巷
騎士橋
諾丁山海德公園及攝政公園

乘地鐵 Circle 或 District 線至 Victoria 站，出站後向東步行 10 分鐘即達

　　始建於1895年的西敏寺大教堂，於1903年對外開放。這座由紅磚砌成的教堂，是一座英國罕見的意大利拜占庭式風格建築，同時也是英國規模最大的天主教堂。西敏寺大教堂內高達83米的鐘樓和教堂圓頂上，鑲嵌的優美壁畫吸引了眾多遊客，而已故英國女皇伊莉莎白二世也曾兩次參觀西敏寺大教堂，成為數百年來首位參觀天主教儀式的英國在位君主(因英國皇室是信奉基督教的！)。

地址：42 Francis Street, London SW1P 1QW
電話：020-7798-9055　　　　**費用**：鐘樓 6 英鎊
時間：週一至週五 9:00am-4:30pm，週六及週日 10:00am-1:00pm
網頁：westminstercathedral.org.uk
★ INFO

大笨鐘下的英國國會

09 ★ MAP 3-2 D3

議會大廈 Houses of Parliament

乘地鐵 Circle 或 District 線至 Westminster 站，出站步行 3 分鐘即達

　　議會大廈又名西敏寺宮，是英國國會的所在地。雖然部分建築曾因火災和第二次世界大戰而受損，但仍無損它的氣概，擁有超過1,100個獨立房間，100座樓梯和長達到4.8公里的走廊。現存歷史最悠久的是建於1097年的西敏寺廳，相傳摸到廳中的邱吉爾銅像就可獲得好運，因而一隻腳已經被磨得光可鑒人。除此之外，遊客可在此觀看法律制定過程及旁聽上議院與下議院的辯論。

地址：4 Palace of Westminster, London SW1A 0AA
時間：週日至週五 10:00am-4:00pm，週六 8:45am-4:45pm (開放時間每月有所不同)
費用：成人 29 英鎊，長者 (+60) 及學生 24.5 英鎊，15 歲以下小童 13 英鎊，5 歲以下免費
電話：084-4847-1672
網頁：www.parliament.uk
★ INFO

倫敦地標之一 ⑩ 🔍 MAP 3-2 D2
大笨鐘 Big Ben

🚇 乘地鐵 Circle 或 District 線至 Westminster 站，
出站步行 2 分鐘即達

位於國會大廈北端的大笨鐘是英國的標誌，據說
名字是來源於負責工務監制的本傑明‧豪爾爵士。巨
大華麗的大笨鐘高79米，四個圓形鐘盤每個直徑6.7
米，並由312塊乳白色玻璃鑲拼，單是分針　　就
有4.27米長。據說最初上弦
時，需由健壯的成年男性連續
用腳蹬踏8小時，並由專人負
責用鋼鎚擊響大鐘報時；1913
年大鐘改為電動上弦；10年
後則改由英國廣播公司播送鐘
聲，讓整個英國都可聽到。

地址：Parliament Square, Westminster, St
　　　Margaret Street, London SW1A 0AA
電話：020-7219-3000
網頁：www.parliament.uk/bigben
⭐ INFO

英國首相官邸 ⑪ 🔍 MAP 3-2 D2
唐寧街10號 No.10 Downing Street

🚇 乘地鐵 Circle 或 District 線至 Westminster 站，出站步行 3 分鐘即達

唐寧街10號是一座喬治風格的建築物，傳統上
是第一財政大臣的官邸，但自從這個職位由首相兼
任後，就成了普遍認為的英國首相官邸。它設計樸
實的黑色木門，綴上的白色阿拉伯數字「 10 」，成
為人所共知的標記。雖然唐寧街10號是君主的御
賜禮物，但由於它面積狹小，長年缺乏維修，又建
在沼土之上，歷史上不少的首相都不願意入住，有
些首相甚至有意將這裡夷為平地。

地址：10 Downing Street, Westminster, LondonSW1A 2
電話：020-7925-0918　　備註：內部禁止參觀　⭐ INFO

英國近代本土藝術寶庫 ⑫ 🔍 MAP 3-2 D5
不列顛泰特美術館 Tate Britain

🚇 乘地鐵 Victoria 線至 Pimlico 站，出站後步行約 10 分鐘即達

以擁有豐富的英國近代繪畫館藏而聞名的不列顛泰特
美術館，與大英博物館、國家藝廊一同躋身於世界一流美
術館之列。館內收藏有16-20世紀英國和歐洲知名畫家的
500餘件畫作，其中以英國著名風景畫家泰納的作品最受矚
目，與19世紀中期被譽為「英國前拉斐爾派領航者的」畫
家羅塞提和米萊的作品，同為館內珍藏的經典作品。

地址：Millbank, London SW1P 4RG
電話：020-7887-8888
時間：週一至週日 10:00am-6:00pm
費用：免費，但部分特展需門票
網頁：tate.org.uk
⭐ INFO

倫敦 LONDON

Oxford Circus
SOHO
Westminster
South-bank
Russell Square
Covent Garden & Temple
Tower Hill & Brick Lane
Knights-bridge
Hyde Park & Notting Hill
Regent's Park

牛津廣場
蘇豪區
西敏寺
南岸
羅素廣場
考文特花園及聖殿區
倫敦塔山及紅磚巷
騎士橋
諾丁山
海德公園及
攝政公園

倫敦最具代表性車站
維多利亞火車站 London Victoria

13 ★ MAP 3-2 A4

乘地鐵 Circle 或 District 線至 Victoria 站，出站即達

　　毗鄰西敏寺大教堂的維多利亞火車站是國家鐵路局的車站，同時也是倫敦長途巴士上落客的總站，在這裡可以輕易找到開往全國的巴士。此外，維多利亞火車站周邊的林蔭大道，兩旁盡是氣派華麗的私人建築，被譽為最具代表性的倫敦車站。

地址：Victoria Street, London SW1E 5JX
電話：020-7222-1234
時間：週一至週六 4:00am-1:00am；週日 6:00am-1:00am
網頁：victoriastationlondon.com

★ INFO

追憶日不落帝國女皇的風采
維多利亞女皇紀念碑
Queen Victoria Memorial

14 ★ MAP 3-2 B2

乘地鐵至 Circle 或 District 線 St James's Park 站或 Victoria 站，出站步行 15 分鐘即達

　　位於白金漢宮前方廣場正中央的維多利亞女皇紀念碑，是為紀念維多利亞女皇而修建。紀念碑頂端裝飾有金色天使雕像，象徵著現今英國皇室希望能夠再創維多利亞時代光輝的祈望。造型優美的紀念碑，也成為了英國人追憶維多利亞這位19世紀日不落帝國女皇風采的絕佳去處。

地址：Constitution Hill, London
時間：24 小時
費用：免費

★ INFO

英國皇宮

白金漢宮 Buckingham Palace

*Buckingham Palace 目前關閉中至2022年底，重開日期請留意官網公布

 乘地鐵至 Circle 或 District 線 St James's Park 站或 Victoria 站，出站步行 15 分鐘即達

　　白金漢宮是白金漢公爵在1703年所建，從1837年起，英國歷代國皇都居住在這裡。白金漢宮正門懸掛著皇室徽章，宮內有典禮廳、宴會廳等600餘間廳室，其中藍色客廳 (The Blue Drawing Room) 被視為宮內最雅致的房間，白色客廳 (The White Drawing Room) 則用白、金兩色裝飾而成，室內有大型水晶吊燈、精緻的傢俱和豪華的地毯，大多是英、法工匠的藝術品，極具觀賞價值。

地址：Buckingham Palace, London SW1A 1AA
電話：017-1799-2331
時間：9:30am-7:00pm (白金漢宮只於每年夏天開放，實際時間請參閱網頁)
費用：成人 30 英鎊，學生 19.5 英鎊，17 歲以下小童 16.5 英鎊，5 歲以下免費
網頁：royal.gov.uk

⭐ **INFO**

Oxford Circus

SOHO

Westminster

South-bank

Russell Square

Covent Garden & Temple

Tower Hill & Brick Lane

Knights-bridge

Hyde Park & Notting Hill

Regent's Park

白金漢宮兩大必看點

　　來到白金漢宮門外一定要做兩件事，首先看看屋頂上的旗幟，假如是皇室圖案的話，代表英王身處宮中；如果是英國國旗，即表示英王外出。另外，在天氣好的情況下，可在早上11:30到門前欣賞御林軍換崗儀式 (換崗儀式於4月至7月每天進行，其他月份則是隔天進行)。

牛津廣場

蘇豪區

西敏寺

南岸

羅素廣場

考文特花園及聖殿區

倫敦塔山及紅磚巷

騎士橋

諾丁山

海德公園及攝政公園

欣賞皇室藝術品 ⑯ ⊛ MAP 3-2 B3
女皇畫廊 The Queen's Gallery

乘地鐵 Circle 或 District 線至 St Jame's Park 站或 Victoria 站，出站步行約 10 分鐘

　　2002年由英國伊莉莎白二世女皇揭幕的女皇畫廊，展出了眾多英國皇室收藏的藝術珍品。在畫廊內，遊客可以欣賞到從皇室龐大的收藏品中精挑細選出來的7,000幅油畫、4萬幅水彩與素描畫、15萬件古典大師的版畫和無數藝術品，幾乎每一件都是價值連城的藝術珍品。此外，畫廊內還設有紀念品專賣店，遊客可以在這裡購買到皇家莊園生產的香薰等精品。

電話：020-7766-7301　　　　時間：9:30am-5:30pm(開放時間每月有所不同)
費用：成人 17 英鎊，學生 11 英鎊，17 歲以下小童 9 英鎊，5 歲以下免費
　　　（持 London Pass 可免費參觀）
網頁：royalcollection.org.uk　　　　★ INFO

照料英國皇室馬與馬車的地方 ⑰ ⊛ MAP 3-2 A3
皇家馬廄 The Royal Mews

乘地鐵 Circle 或 District 線至 St Jame's Park 站或 Victoria 站，出站步行約 8 分鐘

　　皇家馬廄是照料英國皇室馬與馬車的地方，在這裡除了有 Cleveland Bays 和 WindsorGreys2個品種的馬匹外，還保管有100多輛英國皇室的馬車與出行車輛，其中於1762年首次使用的金典禮馬車是這裡歷史最悠久的馬車。據史料記載，從1821年至今近200年，每任英國國皇在舉行加冕典禮前，都是乘坐這輛馬車前往西敏寺教堂，其金色的車身裝飾有造型繁複的雕刻，需要8匹馬才能拉動。

*The Royal Mews 目前關閉中至2022年底，重開日期請留意官網公布

時間：10:00am-5:00pm(開放時間每月有所不同)　　電話：020-7766-7302
費用：成人 14 英鎊，學生 9 英鎊，17 歲以下小童 8 英鎊，5 歲以下免費
網頁：royalcollection.org.uk　　　　★ INFO

19世紀前的英國皇宮
聖詹姆斯宮 St. James's Palace

18 🔍⭐ MAP 3-2 **B1**

🚗 乘地鐵 Circle 或 District 線至 St.James's Park 站，出站後步行 10 分鐘即達

聖詹姆斯宮由英皇亨利八世於1532年建造，從1678年開始，直至1837年皇室搬遷至白金漢宮前，這裡一直是英國歷代皇室所在地。隱匿於狹窄小巷內的聖詹姆斯宮外觀並不顯眼，遊客若非看到守衛在大門前的近衛軍，恐怕也不會意識到這裡曾經是英國國皇的宮殿。聖詹姆斯宮的宮殿正門是醒目的都鐸式門房，門上的菱形時鐘十分新奇有趣，吸引了眾多遊客拍照留念。

地址：Cleveland Row, St. James's, London SW1A 1DH
網頁：www.royal.gov.uk
備註：內部禁止參觀
⭐ **INFO**

英國最古老的皇家公園
聖詹姆斯公園 St. James's Park

19 🔍⭐ MAP 3-2 **C2**

🚗 乘地鐵 Circle 或 District 線至 St.James's Park 站，出站步行 5 分鐘即達

聖詹姆斯公園位於白金漢宮對面，據說原本是聖詹姆斯宮的鹿園，17世紀時理查二世聘請法國設計師造景，19世紀初又被英國設計師進一步美化，是英國最古老的皇家公園之一。公園中的水鳥保護區內種類繁多，包括天鵝、鵜鶘、雁和各種鴨子，是賞鳥人士的好去處。公園內非常優美，栽植的花成簇成叢，鳥語花香，使人心神閒散，樂於久留。

地址：Horse Guards Road, London, SW1A 2BJ ⭐ **INFO**
電話：030-0061-2350
時間：5:00am- 凌晨 12:00mn　　**費用**：免費
網頁：https://www.royalparks.org.uk/parks/st-jamess-park

了解禁衛軍歷史
禁衛軍博物館 Guards'Museum

20 🔍⭐ MAP 3-2 **B3**

🚗 乘地鐵 Circle 或 District 線至 St.James's Park 站，出站步行 5 分鐘即達

毗鄰聖詹姆斯公園的禁衛軍博物館外觀簡樸，是一座收藏了眾多關於禁衛軍士兵制服、武器等相關歷史資料的博物館。遊客不僅可以在禁衛軍博物館內了解禁衛軍的歷史，還可以在博物館一旁附設的禮品部，購買各種周邊商品作為觀光紀念。

地址：Wellington Barracks, Birdcage Walk, London SW1E 6HQ
電話：020-7414-3271　　**時間**：10:00am-4:00pm
費用：成人 8 英鎊，長者 (+65) 及學生 5 英鎊，16 歲以下小童免費
網頁：www.theguardsmuseum.com
⭐ **INFO**

南岸
Southbank

交通策略

Waterloo	Jubilee line • 1分鐘	**Southwark**	Jubilee line • 1分鐘	**London Bridge**	
St. Paul's	Central line • 1分鐘	**Bank（轉車）**	Northern line • 1分鐘		
Oxford Circus	Central line • 1分鐘	**Bond Street（轉車）**	Jubilee line • 5分鐘	**Westminster**	
		London Bridge	Jubilee line • 3分鐘		

推介景點

倫敦眼
London Eye
英 國 千 禧 地 標

The Shard
倫 敦 第 一 高

Borough Market
國 際 美 食 天 堂

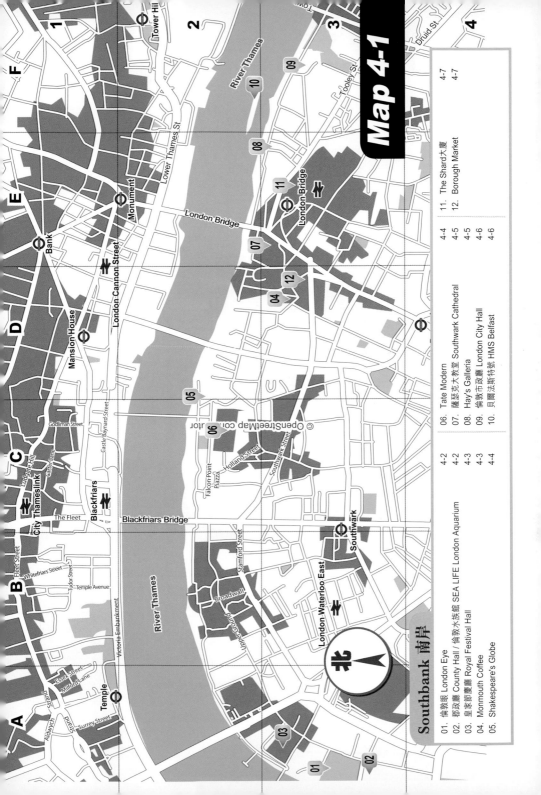

Map 4-1

Southbank 南岸

01. 倫敦眼 London Eye   4-2
02. 郡政廳 County Hall / 倫敦水族館 SEA LIFE London Aquarium   4-2
03. 皇家節慶廳 Royal Festival Hall   4-3
04. Monmouth Coffee   4-3
05. Shakespeare's Globe   4-4

06. Tate Modern   4-4
07. 薩瑟克大教堂 Southwark Cathedral   4-5
08. Hay's Galleria   4-5
09. 倫敦市政廳 London City Hall   4-6
10. 貝爾法斯特號 HMS Belfast   4-6

11. The Shard 大廈   4-7
12. Borough Market   4-7

© OpenStreetMap contributor

千禧年地標建築

倫敦眼 London Eye

01 🔍 MAP 4-1 A3

牛津廣場
蘇豪區
西敏寺
南岸
羅素廣場
考文特花園及聖殿區
及倫敦塔山及紅磚巷
騎士橋
諾丁山
海德公園及
攝政公園

🚌 乘地鐵 Northern 線至 Waterloo 站，出站即達

　　坐落在倫敦泰晤士河畔的倫敦眼又稱「千禧之輪」，是為了慶祝2000年而興建的，它曾一度世界最大的觀景摩天輪、最複雜的建築，並被譽為「數學上的奇跡」。原定5年後拆卸，不過它極受歡迎，故市議會決定長期保留。倫敦眼共設有32個乘坐艙，每個艙可載15人，轉畢一圈約需30分鐘。在夜間，它便幻化成了一個巨大的藍色光環，為泰晤士河增加了無比的夢幻氣息。

地址：Riverside Bldg, County Hall, Westminster Bridge Rd, London SE1 7PB
電話：087-0990-8883
時間：10:00am-6:00pm 或 8:30pm（每日時間不同請參考網頁）
費用：基本票：成人 30 英鎊起，4-15 歲小童 24 英鎊，4 歲以下免費；另有不同快速通道套票由 40-44 英鎊不等；網上購票可享 10% 折扣
網頁：www.londoneye.com

⭐ INFO

昔日倫敦市政議會總部

02 🔍 MAP 4-1 A3

郡政廳 County Hall / 倫敦水族館 SEA LIFE London Aquarium

🚌 乘地鐵 Northern 線至 Waterloo 站，出站步行 5 分鐘即達

　　位於泰晤士河南岸的郡政廳，是一幢外觀古典優雅的建築，最初曾作為倫敦市政議會總部，之後作為大倫敦議會總部，現今已經被改建為一座藝術館，此外，還擁有豪華舒適的萬豪酒店。倫敦水族館則是遊客在參觀三層的郡政廳大樓後不可不去的一處熱門景點。作為歐洲最大、最壯觀的水生生物展覽館，遊客在倫敦水族館內可以了解世界上所有的大洋以及雨林、熱帶淡水、海岸和沙灘的生態環境。

郡政廳 County Hall
地址：Westminster Bridge Road, London SE1 7PB
電話：020-7981-2550
時間：10:00am-5:30pm
費用：免費
網頁：www.londoncountyhall.com

倫敦水族館 SEA LIFE London Aquarium
地址：G/F, Westminster Bridge Road, London SE1 7PB
電話：087-1663-1678
時間：週日至週五 10:00am-6:00pm；週六 9:30am-7:00pm
費用：成人 40 英鎊，3 至 15 歲兒童 34 英鎊；網上購票可享 15% 折扣
網頁：www.visitsealife.com

⭐ INFO

盒子裡的雞蛋
皇家節慶廳 Royal Festival Hall

03 ⊛ MAP 4-1 **A3**

倫敦 LONDON

🚗 乘地鐵 Northern 線至 Waterloo 站，出站步行 5 分鐘即達

　　始建於1951年的皇家節慶廳為降低毗鄰的鐵路所帶來的噪音，故在全新設計的皇家節慶廳圓廳外增加了四方結構外罩，被形象地稱為「盒子裡的雞蛋」。2007年夏天，耗資9000萬英鎊鉅資全面裝修重建之後，節慶廳開始對公眾開放。皇家節慶廳設備舒適，擁有一流的音響效果，並且附設有眾多商家、美食廣場和河岸造景，成為泰晤士河南岸藝術中心最時尚的去處。

地址：Southbank Centre, Belvedere Road, London SE1 8XX
電話：084-3879-9555
時間：10:00am-11:00pm，週五爵士樂 5:15pm-6:45pm
網頁：www.southbankcentre.co.uk
★ INFO

倫敦最好飲咖啡
Monmouth Coffee

04 ⊛ MAP 4-1 **D3**

🚗 乘地鐵 Northern 或 Jubilee 線至
London Bridge 站，步行 5 分鐘

　　Monmouth Coffee 於1978年就開始烘焙及售賣咖啡豆，由於咖啡豆品種繁多，而且可免費幫顧客磨成粉且密封包裝，不少人會當手信帶回港。他們的招牌是 Flat White 及新鮮烤製的杏仁 Croissant，味道香醇，在倫敦很受歡迎。

地址：2 Park St, London SE1 9AB
電話：020-7232-3010
時間：週一至六 8:00am-6:00pm
網頁：www.monmouthcoffee.co.uk
★ INFO

右側標籤：Oxford Circus　SOHO　Westminster　South-bank　Russell Square　Covent Garden & Temple　Tower Hill & Brick Lane　Knights-bridge　Hyde Park & Notting Hill　Regent's Park

演出莎士比亞名著
莎士比亞環形劇場 Shakespeare's Globe

05 ⭐ MAP 4-1 D2

🚌 乘地鐵 Jubilee 線至 Southwark 站，出站後步行 15 分鐘即達

★★★
牛津廣場
蘇豪區
西敏寺
南岸
羅素廣場
考文特花園及聖殿區
倫敦塔山及紅磚巷
騎士橋
海德公園及諾丁山
攝政公園

始建於1599年的莎士比亞環形劇場，曾是莎士比亞創作的《哈姆雷特》、《李爾王》和《奧賽羅》等名劇的首演地，1613年劇場毀於大火後，1997年 Sam Wanamaker 在距離原址約200米的地方仿建了環形劇場。重建後的劇場擁有多媒體互動展廳，每年5-10月期間，劇場內還會公演莎士比亞的名作，兩層高的劇場設有座位及地下的站立區，氣氛極佳。

地址：21 New Globe Walk, Bankside, London SE1 9DT
電話：020-7902-1400
時間：週一至週六 12nn-8:45pm，
　　　週日 11:30am-8:45pm
費用：導賞團 - 成人 17 英鎊，長者 (+60)15.5 英鎊，學生 13.5 英鎊，5-15 歲小童 10 英鎊，5 歲以下免費；舞台戲 - 站票 5 英鎊，坐票 15-70 英鎊
網頁：www.shakespearesglobe.com
⭐ INFO

荒廢發電廠
泰特現代美術館 Tate Modern

06 ⭐ MAP 4-1 C2

🚌 乘地鐵 Jubilee 線至 Southwark 站，出站後步行 10 分鐘即達

泰特現代美術館原本是一座陷入拆除危機的荒廢發電廠，經多年改造後在2000年正式落成，館內展出1900年至今的現代藝術，包括20世紀具領導地位的藝術家像畢卡索及達利的作品。

16年增建了新翼 Switch House，位於舊館南側，共10層樓高。它比舊翼增加了六成的展示空間，精選原有的大師作，另亦購入更多新藝術裝置，令作品更具多樣性。新翼的南面由廢棄工業園改造，頂樓的觀景台亦可從高處觀賞泰倫敦市景。

地址：53 Bankside, London SE1 9TG
電話：020-7887-8888
時間：每日 10:00am-6:00pm，12 月 24 至 26 日不開放
費用：免費　　網頁：www.tate.org.uk
⭐ INFO

中世紀哥德式建築
薩瑟克大教堂 Southwark Cathedral

🚌 乘地鐵 Northern 或 Jubilee 線至 London Bridge 站，出站即達

　　薩瑟克大教堂最初只是一座規模不大的小教堂，由於美國知名的哈佛大學創辦人約翰·哈佛曾經在這裡受洗，因此在教堂內專門設有一座以其命名的禮拜堂。1905年薩瑟克教堂改建成一座充滿中世紀特色的哥德式教堂，在靜謐的街區甚為醒目。

地址：Borough High Street, London
電話：020-7367-6700　　　費用：免費
時間：週一至週六 10:00am-6:00pm，週日 8:30am-5:00pm
網頁：cathedral.southwark.anglican.org

⭐ INFO

歷史購物中心
海斯長廊 Hay's Galleria

🚌 乘地鐵 Northern 或 Jubilee 線至 London Bridge 站，出站後步行 3 分鐘

　　由舊船塢改建而成，擁有拱型玻璃屋頂的海斯長廊，在1850年代，八成的貨船都會駛經這裡，更有不少中國和印度運茶葉的船隻停泊在碼頭，曾經被稱為「倫敦的糧倉」，現在則是一座二級歷史建築的購物中心，內有辦公室、餐廳、各式商店等，中庭還停放著一艘當年的帆船，完全模仿當年的場景。

地址：Tooley Street, London Bridge SE1 2HD
電話：020-7403 3583
時間：8:00am-8:00pm

⭐ INFO

泰晤士河畔的標誌性建築
09 ⭐ MAP 4-1 **F3**

倫敦市政廳 London City Hall

🚍 乘地鐵 Jubilee 或 Northern 線至 London Bridge 站，出站後步行 10 分鐘即達

⭐⭐⭐

牛津廣場

蘇豪區

西敏寺

南岸

羅素廣場

考文特花園及聖殿區

倫敦塔山及紅磚巷

騎士橋

海德公園及諾丁山

攝政公園

　　屹立於泰晤士河南岸的倫敦市政廳，與各大城市的古老市政廳外型上有點分別，是一座全透明的傾斜半球形的太空建築，宛如在風中搖擺的肥皂泡一般，與古老的倫敦塔隔河相望，成為泰晤士河畔的標誌性建築之一。倫敦市政廳中的大部分公共空間對公眾開放，亦經常舉辦各種主題展覽，而且這裡的公共資訊螢幕每天會公布樓裡舉行的會議，很多會議民眾和新聞界都可以旁聽。

地址：The Queen's Walk, London SE1 2AA
電話：020-7983-4000
時間：週一至四 8:30am-6:00pm，週五至 5:30pm
費用：免費
網頁：www.london.gov.uk/city-hall
⭐ INFO

英國第二艘國家名義保留的戰艦
10 ⭐ MAP 4-1 **F2**

貝爾法斯特號 HMS Belfast

🚍 乘地鐵 Jubilee 或 Northern 線至 London Bridge 站，出站步行 10 分鐘即達

　　貝爾法斯特號是英國海軍退役老式戰艦，與樸茨茅夫海軍博物館內停泊的勝利號帆船，同以國家名義保留下來。作為20世紀上半葉最先進的海軍戰艦之一，1936年開始服役的貝爾法斯特號當年的造價為21.5萬英鎊。戰艦上的走廊邊掛著一塊有艦標的木製徽標，旁邊還有1948年貝爾法斯特市民捐贈的一隻銀製船鈴，鈴內雕刻著官兵服役時所生、並在艦上接受過洗禮的子女的名字。

地址：Tooley St, London SE1 2JH
電話：020-7940-6300
時間：10:00am-6:00pm
費用：成人 23.6 英鎊，長者及學生 21.25 英鎊，5-15 歲小童 11.8 英鎊（持 London Pass 可免費進入）
網頁：www.iwm.org.uk
⭐ INFO

倫敦第一高樓
The Shard 大廈

11 🔍 ⭐ MAP 4-1 E3

🚗 乘地鐵 Jubilee 或 Northern 線至 London Bridge 站，出站步行 5 分鐘即達

　　在2013年正式開幕的 The Shard，由意大利建築大師 Renzo Piano 以萬多塊玻璃立面打造，高310公尺的大廈如一尊尖塔雕塑落在泰晤士河畔，成為了倫敦最高、歐洲第二高的大樓。大廈分為商場、辦公室、餐廳酒吧、酒店、私人住宅及觀景台6大部分。要真正體驗住在雲端的感覺，當然要入住34-52/F 的香格里拉。不過如果嫌一晚的房租太貴，也可幫趁31-33/F 的餐廳酒吧。

地址：32 London Bridge Street, London SE1 9SG
電話：84-4499-7111
時間：觀景台（每日開放時間不一，詳情可參考官網）
費用：觀景台 成人 28 鎊
網頁：www.the-shard.com

⭐ INFO

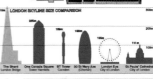

落地玻璃結構令光線透進室內，光潔明亮，感覺偌大。

倫敦市晚上燈火通明，夜景醉人。

高品質美食天堂
Borough Market

12 🔍 ⭐ MAP 4-1 D3

🚗 乘地鐵 Jubilee 或 Northern 線至 London Bridge 站，出站步行 5 分鐘即達

　　常有人說英國「無啖好食」，假如想吃好東西的話，就一定要來 Borough Market。由基金會經營的獨立市集，除了售賣海鮮、肉類、蔬果等，亦有很多熟食攤檔，每個攤檔都各具特色，例如被譽為全倫敦最好喝的咖啡 Monmouth Coffee、鴕鳥肉漢堡 Gamston Wood Farm、油封鴨三文治 Le Marche du Quartier、得獎麵包 The Flour Station、自家釀製蘋果酒 New Forest 等等，樣樣品質都非常講究，保證令你大飽口福，記得留肚！

非常鮮甜的生蠔，約 5.5 英鎊/4隻。

非常受歡迎的油封鴨三文治。

地址：8 Southwark Street, London SE1 1TL
電話：020-7407-1002
時間：週一至五 10:00am-5:00pm，週六 8:00am-5:00pm，週日 10:00am-3:00pm
網頁：boroughmarket.org.uk

⭐ INFO

倫敦 LONDON

★★★

Oxford Circus
SOHO
Westminster
South-bank
Russell Square
Covent Garden & Temple
Tower Hill & Brick Lane
Knights-bridge
Hyde Park & Notting Hill
Regent's Park

羅素廣場
Russell Squre

交通策略

Goodge Street	⊖ Northern line • 3分鐘	**Leicester Square（轉車）**	⊖ Piccadilly line • 5分鐘	**Russell Square**
St. Paul's	⊖ Central line • 1分鐘	**Chancery Lane**	⊖ Central line • 1分鐘	**Holborn** ⊖ Piccadilly line • 1分鐘 **Russell Square**
Barbican	⊖ Metropolitan line / Circle line • 4分鐘	**King's Cross / St.Pancras（轉車）**	⊖ Piccadilly line • 2分鐘	**Russell Square**

推介景點

大英博物館
British Museum
世上最有名的博物館

聖保羅大教堂
St. Paul's Cathedral
皇室婚喪重地

巴比肯中心
Barbican Centre
文化藝術綜合中心

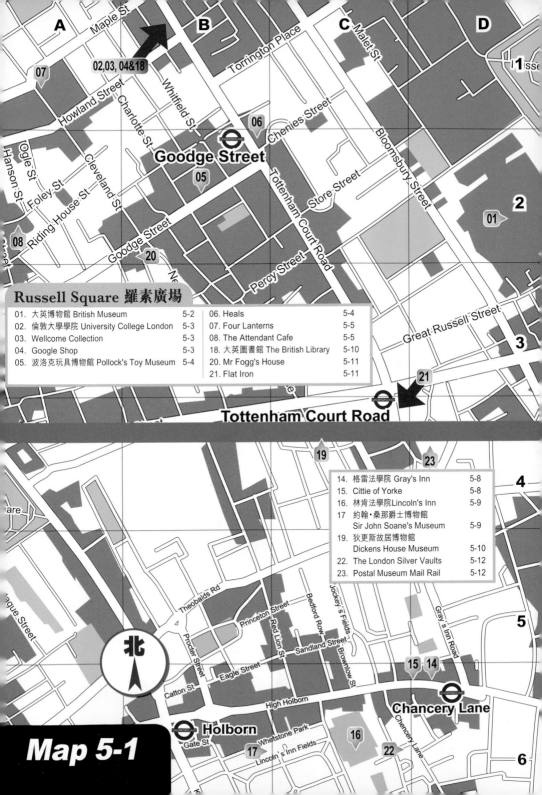

A   Maple St   B   Torrington Place   C   Malet St   D

07

02,03, 04&18

Whitfield St
Charlotte St
Cleveland St
Howland Street
Ogle St
Hanson St
Foley St
Riding House St

Chenies Street

06

Goodge Street

05

Store Street

Bloomsbury Street

01

2

Goodge Street

08

20

Tottenham Court Road

Percy Street

Russell Square 羅素廣場

01. 大英博物館 British Museum	5-2	
02. 倫敦大學學院 University College London	5-3	
03. Wellcome Collection	5-3	
04. Google Shop	5-3	
05. 波洛克玩具博物館 Pollock's Toy Museum	5-4	
06. Heals	5-4	
07. Four Lanterns	5-5	
08. The Attendant Cafe	5-5	
18. 大英圖書館 The British Library	5-10	
20. Mr Fogg's House	5-11	
21. Flat Iron	5-11	

Great Russell Street

3

21

Tottenham Court Road

19

23

4

14. 格雷法學院 Gray's Inn	5-8
15. Cittie of Yorke	5-8
16. 林肯法學院 Lincoln's Inn	5-9
17. 約翰・桑那爵士博物館 Sir John Soane's Museum	5-9
19. 狄更斯故居博物館 Dickens House Museum	5-10
22. The London Silver Vaults	5-12
23. Postal Museum Mail Rail	5-12

5

北

Theobalds Rd
Princeton Street
Bedford Row
Red Lion St
Brownlow St
Jockey's Fields
Procter Street
Sandland Street
Eagle Street
Catton St
Gray's Inn Road

15 14

Chancery Lane

High Holborn

Holborn

Whetstone Park

16

17   Lincoln's Inn Fields   22   Chancery Lane

6

Map 5-1

最大規模博物館
大英博物館 British Museum

01 ⊛ MAP 5-1 D2

乘地鐵 Northern 線至 Goodge Street 站，出站後步行 10 分鐘即達

★★★
牛津廣場
蘇豪區
西敏寺
南岸
羅素廣場
考文特花園及聖殿區
倫敦塔山及紅磚巷
騎士橋
海德公園及諾丁山
攝政公園

博物館正門的兩旁，各有 8 根又粗又高的羅馬式圓柱，每根圓柱上端是一個三角頂，上面刻著一幅巨大的浮雕，極具氣勢。

大英博物館成立於1753年，是世上歷史最悠久、規模最宏偉及最著名的博物館，館內有100多個陳列室，包括埃及文物館、希臘羅馬文物館、西亞文物館、歐洲中世紀文物館和東方藝術文物館等，共800多萬件展品，種類繁多，其中以古希臘雕像、埃及木乃伊及以草紙記錄的《死者之書 (Book of the Dead)》聞名於世，亦可找到當年流失異鄉的中國文物，每件珍藏都非常罕見，確實是一整天都逛不完。

羅塞塔石碑 (Rosseta Stone) 是一塊製作於公元前196年的花崗閃長岩石碑，特別之處是碑上同時刻有一段三種不同語言版本的文字，使得近代的考古學家有機會解讀出已失傳的埃及象形文。

貓木乃伊 (Cat Mummies)，古埃及人會把愛貓一同製成木乃伊來陪葬

樓上的62和63號展廳是最熱門的古埃及館，目前在埃及本土外，大英博物館擁有世界上最齊全的埃及殯葬文物。

波特蘭花瓶 (Portland Vase)，是公元前後浮雕玻璃花瓶中僅存的一隻。可惜的是在1845年被一個瘋子打破，碎成200多塊碎片，雖然已被修復，但是裂痕仍然依稀可見。

地址：Great Russell Street, London WC1B 3DG
電話：020-7323-8000
時間：週六至週四 10:00am-5:00pm，週五至 8:30pm
費用：免費，語音導賞 5 英鎊
網頁：britishmuseum.org

★ INFO

英格蘭第三所大學

倫敦大學學院 University College London

02 🔍 **MAP** 5-1 **B1**

🚇 乘地鐵 Hammersmith & City、Circle 或 Meteropolitan 線至 Euston Square 站，出站即達

　　創立於1826年的倫敦大學學院，是繼牛津和劍橋之後的第三大學，出自知名建築師 William Wilkins 之手，充滿典雅美感。自19世紀成立以來學院一直堅持不強調學生的性別、階級、種族和宗教的理念，迄今共有19位師生曾獲得諾貝爾獎，其中學院最重要的人物，哲學及法學家 Jeremy Bentham 的骨骼標本依舊穿著生前服裝坐在校內。另外，校內的皮特里埃及考古博物館更擁有豐富的古埃及和蘇丹收藏。

地址：Gower Street, London WC1E 6BT　　**電話**：020-7679-2000
網頁：www.ucl.ac.uk　　⭐ **INFO**

倫敦市晚上燈火通明，夜景醉人。

🔍 **MAP** 5-1 **B2** **03**　　🚇 乘地鐵 Circle 線至 Euston Square 站，出站即達

醫療文物博物館 **Wellcome Collection**

　　位於 Euston 車站旁邊的博物館，博物館二樓為圖書館，還附設咖啡館。此博物館名是以創始人 Henry Solomon Wellcome 命名，免費參觀；Wellcome 從事藥店工作，對生命科學、醫療史有濃厚興趣，長大後經營藥廠，成為醫療文物收藏家。館內有一系列非常有趣的收藏品，常設展品包括藥罐、醫學法器，還有拿破崙的牙刷等，可了解醫學發展以及人類史。　⭐ **INFO**

地址：183 Euston Road, London NW1 2BE　　**電話**：020-7611-2222　　**網頁**：https://wellcomecollection.org
時間：展館：週一休息，週五至週三 10:00am-6:00pm，週四至 8:00pm；圖書館：週一至三、五 10:00am-6:00pm，週四至 8:00pm，週六至 4:00pm，週日休息；Cafe：週一至三、週五至日 10:00am-6:00pm，週四至 8:00pm

世界第一間 **04** 🔍 **MAP** 5-1 **B1**

Google Shop

🚇 乘地鐵 Northern 線至 Goodge Street 站，出站步行 10 分鐘或乘地鐵 Northern 或 Victoria 線至 Warren Street 站，出站後步行約 3 分鐘

　　當蘋果專門店開得如火如荼之時，Google 開設了一家實體店，於大型電器連鎖店 Currys 內。裡面售賣各式各樣的 Google 產品，包括 Nexus 手機、平板電腦、手提電腦、Chromecast 電視棒等，亦設有體驗區，讓顧客試用。即使不購物，你都可以用店內的大型螢幕用 Google Earth 環遊世界、觀賞 YouTube 或 Google Play 電影，亦可自家設計 Google Logo。

地址：145-149 Tottenham Court Road, London W1T 7NE（Currys PC World 內）
時間：週一至週五 10:00am-8:00pm，週六至 7:00pm，週日 12:00nn-6:00pm
電話：034-4561 0000
網頁：https://instore.withgoogle.com/gb/home/　　⭐ **INFO**

★★★
Oxford Circus
SOHO
Westminster
South bank
Russell Square
Covent Garden & Temple
Tower Hill & Brick Lane
Knights bridge
Hyde Park & Notting Hill
Regent's Park

薈萃各種經典玩具
波洛克玩具博物館 Pollock's Toy Museum

🚇 乘地鐵 Northern 線至 Goodge Street 站，
出站即達

★★★

波洛克玩具博物館外觀是一幢歷史悠久的老房子，以製作傳統玩具的專家本傑明‧波洛克命名。波洛克製作的傳統立體紙劇場玩具大多取材自倫敦上演的知名劇碼和童話，因而極受歡迎。博物館內除了波洛克製作的立體紙劇場玩具外，還收藏了維多利亞時代的娃娃屋、蠟質人偶、瓷玩偶、泰迪熊、鐵皮玩具、機械與紙玩具、兒童傢俱等共計超過2萬件不同玩具，堪稱是一個豐富多彩的玩具世界。

地址：1 Scala Street, London W1T 2HL
電話：020-7636-3452
時間：週一至週六 10:00am-5:00pm
費用：成人 9 英鎊、長者及學生 8 英鎊、小童 4.5 英鎊
　　　（London Pass 可免費進入）
網頁：www.pollockstoymuseum.co.uk
★ INFO

200年歷史的老牌傢俱百貨 Heals

🚇 乘地鐵 Northern 線至 Goodge Street 站，
出站即達

開業於1810年的Heals 迄今已有200年歷史，60年代時Heals 的設計顧問Tom Worthington 曾邀請當時的自由設計師與美術系畢業生一同設計出將普普藝術、歐普藝術和超寫實主義元素一同融入的產品，從而成功吸引了大量FANS。位於Tottenham Court Road 的Heals 共有三層樓，由傢俱、布料，以至珠寶、手袋和香薰等各產品都有，而位於二樓的餐廳亦聘請了知名廚師為客人提供午餐和下午茶。

地址：196 Tottenham Court Road, London W1T 7LQ
電話：020-7636-1666
營業時間：週一至週六 10:30am-7:00pm，
　　　　　週日 12:00nn-6:00pm
網頁：www.heals.co.uk
★ INFO

異國風味的希臘餐廳
Four Lanterns

 乘地鐵 Northern 線至 Goodge Street 站，出站步行 10 分鐘或乘地鐵 Northern 或 Victoria 線至 Warren Street 站，出站後步行約 10 分鐘

Four Lanterns 餐廳迄今已有40年的歷史，一直以強調食材新鮮、菜式簡單的特點而深受好評。Four Lanterns 的店名取自塞浦路斯一座小橋的名字，店內特色菜包括葡萄葉絞肉粽、烤羊肉、絞肉千層批等都令人垂涎欲滴，此外，還可以品嘗塞浦路斯 Keo 啤酒和 Five Kings 白蘭地。

地址：96 Cleveland Street, London W1T 6NP
電話：020-7387-0704
時間：11:00am-11:00pm；週日休息
費用：25-30 英鎊　　**網頁**：www.the4lanterns.com
★ INFO

公廁大翻身　08  MAP 5-1 A2
The Attendant Cafe

 乘地鐵 Northern 線至 Goodge Street 站，出站步行 10 分鐘

潮流興古蹟活化，不過把百年公廁活化，再變身為咖啡廳，這麼重口味就未必人人受得來。The Attendant 前身是在 Oxford Circus 附近，以維多利亞風格設計的百年公廁。荒廢六十年後，店主花了六十多萬英鎊翻身，把內部煥然一新之餘，卻保留了原有的尿兜和廁格作裝飾。The Attendant 外觀雖然玩味十足，食物質素卻絕對認真，成為倫敦近年的打咭熱點。

地址：Downstairs, 27a Foley Street, London W1W 6DY
電話：020-7580-3413
時間：週一至週五 8:00am-4:00pm；
　　　　週六及週日 9:00am-4:00pm
網頁：www.the-attendant.com
★ INFO

Oxford Circus
SOHO
Westminster
South-bank
Russell Square
Covent Garden & Temple
Tower Hill & Brick Lane
Knights-bridge
Hyde Park & Notting Hill
Regent's Park

巴洛克風格代表作
聖保羅大教堂 St. Paul's Cathedral

09 ⭐ MAP 5-6

🚇 乘地鐵 Central 線至 St. Paul's 站，出站步行 3 分鐘即達

正面建築兩端建有一對對稱的鐘樓，西北角的鐘樓裡吊有一口 17 噸重的大銅鐘。

聖保羅大教堂是世界第二大圓頂教堂，早於 604 年建立，後來經過了多次的毀壞、重建，最後於 17 世紀由英國著名設計師克托弗‧雷恩爵士用歷時 45 年完成。教堂正門上部的人字牆雕刻著聖保羅到大馬士革傳教的圖畫，牆頂上立著聖保羅的石雕像。內有方形石柱支撐的拱形大廳，窗戶上嵌著彩色玻璃，四壁掛著耶穌、聖母和使徒巨幅壁畫，亦有國皇、將軍等的紀念碑，莊嚴宏偉。這裡亦是查理斯王子與戴安娜王妃於 1981 年舉行結婚的地方。

地址：Saint Paul's Church Yard, London EC4M 8
電話：020-7246-8357
時間：週一至週六 8:30am-4:00pm；週三開 10:00am
費用：成人 21 英鎊，長者及學生 18.5 英鎊，6-17 歲小童 9 英鎊
網頁：www.stpauls.co.uk

⭐ INFO

教堂平面為拉丁十字形，兩翼交匯點就是聞名的巨大穹頂。

鐘樓敲響的嘹亮鐘聲 ⑩
聖瑪麗里波教堂 🔍 MAP 5-6
St. Mary-le-Bow

🚇 乘地鐵 Central 線至 St. Paul's 站，出站步行 5 分鐘即達

毗鄰聖保羅大教堂的聖瑪麗里波教堂，以 11 世紀時興建的地下聖堂支撐柱拱門而得名，在露台後方建有一座懸有大鐘的鐘樓，每天整點都會敲響，嘹亮悅耳的鐘聲，成為附近居民掌握時間的最佳助手。

地址：Cheapside, London EC2V 6AU 　電話：020-7248-5139
時間：7:00am-6:00pm 　費用：免費
網頁：www.stmarylebow.co.uk

⭐ INFO

Barbican
北
13
12
11 09 10
St. Paul's
Godliman Street
Mansion House
London Ca
Map 5-6

牛津廣場
蘇豪區
西敏寺
南岸
羅素廣場
考文特花園及聖殿區
倫敦塔山及紅磚巷
騎士橋
海德公園及諾丁山
攝政公園

舊倫敦城與王城的分界線
聖殿紀念塔 Temple Bar

11 ⭐ MAP 5-6

🚗 乘地鐵 Central 線至 St Paul's 站，出站後步行 3 分鐘即達

　　舊時的倫敦城曾在艦隊街上的兩個邊界入口處設置了聖殿圍欄，作為分隔東側倫敦城與西側西敏寺地區的分界線，隨著倫敦的城市發展，聖殿圍欄被拆除後，於原址上修建了一座聖殿紀念塔，提醒路過行人這裡的歷史。

地址：Paternoster Square, St Paul's Churchyard, London
費用：免費
網頁：http://www.thetemplebar.info/
⭐ **INFO**

了解倫敦的歷史
倫敦博物館 Museum of London

12 ⭐ MAP 5-6

🚗 乘地鐵 Central 線至 St. Paul's 站，出站步行 5 分鐘即達

　　倫敦博物館內設有各種主題展覽，遊客可以在博物館了解到倫敦從史前直至今日的歷史。這裡的展品要歸功於考古學家兼博物館工作人員的辛勤勞動，他們深入工地提取和保護所有有關倫敦歷史的物件和遺跡。此外，遊客在這裡還可以看到羅馬的密特拉神廟裡的雕塑、17世紀的齊普賽街的珠寶首飾、倫敦大火災的透視畫、西門監獄的門、19世紀的商店和店內擺設、市長的馬車等。

地址：150 London Wall, London EC2Y 5HN　**電話**：020-7001-9844
營業時間：10:00am-5:00pm　　　　　　**費用**：免費
網頁：www.museumoflondon.org.uk
⭐ **INFO**

倫敦最醜的建築
巴比肯中心 Barbican Centre

13 ⭐ MAP 5-6

🚗 乘地鐵 Circle、Hammersmith & City 或 Metropolitan 線至 Barbican 站，出站步行約 10 分鐘即達

　　由倫敦市政府興建管理的複合式文藝特區巴比肯中心，於1982年對公眾開放，其複雜的天橋和類似建築風格的住宅區相互連接，形成錯綜複雜的外觀，曾在2003年被 BBC 票選為「倫敦最醜的建築」。巴比肯中心擁有可容納近2,000人的巴比肯演奏廳、2個劇院和3個電影院，巴比肯畫廊和弧形的 Curve 畫廊等視覺藝術展場。此外，倫敦交響樂團的基地也設在這裡，獲英女皇美譽為「現代世界的奇蹟」。

地址：Silk Street, London EC2Y 8DS　**電話**：020-7638-8891
時間：週一至週日 9:30am-11:00pm，公眾假期 12:00nn-11:00pm
網頁：barbican.org.uk
⭐ **INFO**

★★★
Oxford Circus
SOHO
Westminster
South-bank
Russell Square
Covent Garden & Temple
Tower Hill & Brick Lane
Knights-bridge
Hyde Park & Notting Hill
Regent's Park

充滿傳奇歷史的名校 ⑭ 🔍 MAP 5-1 D6

格雷法學院 Gray's Inn

🚗🚌 乘地鐵 Central 線至 Chancery Lane 站，出站即達

★★★

牛津廣場

蘇豪區

西敏寺

南岸

羅素廣場

　　位於泰晤士河畔的格雷法學院創立於1569年，是倫敦四大法學院之一，在近500年的歷史中培養了眾多優秀法律人才。雖然面積不算大，但在地位及財力上絕對不輸其他學院。同時這所歷史悠久的名校中還擁有大量傳奇故事，其中莎士比亞亦曾在這裡表演過，吸引了眾多遊客慕名而來。

地址：Gray's Inn Road, London
電話：020-7458-7800
網頁：www.graysinn.info

★ INFO

都鐸風情的老式酒吧 ⑮ 🔍 MAP 5-1 D6

Cittie of Yorke

考文特花園及聖殿區

倫敦塔山及紅磚巷

騎士橋

諾丁山

海德公園及攝政公園

🚗🚌 乘地鐵至 Central 線 Chancery Lane 站，出站即達

　　門面具有濃郁都鐸風情的Cittie of Yorke 酒吧，開業於15世紀，在17世紀改建成咖啡店後，於1920年重新開業。Cittie of Yorke 內最引人注目的就是這裡宛若教堂一般高挑的大廳，牆上裝飾的大酒桶位於酒吧中央，而建於1815年的火爐煙囪管線都隱藏在地板下，其歷史甚至比酒吧本身還要悠久。

地址：22 High Holborn, London WCIV 6BN
時間：週一至週六 12:00nn-11:00pm，週日休息
電話：020-7242-7670

★ INFO

歷史悠久的法學名校
林肯法學院 Lincoln's Inn

16 ⊙ MAP 5-1 C6

倫敦 LONDON

🚗 乘地鐵 Central 線至 Holborn 站，出站後步行約 10 分鐘即達

創立於13世紀的林肯法學院，迄今已有近800年的悠久歷史，培養了眾多優秀法律人才，是倫敦四大法學院之一。林肯法學院的校園內現今依舊保留有大量建於15世紀的古老建築，吸引了眾多遊客在古意盎然的校園內漫步觀光，感受這裡獨特的休閒氛圍。

地址：Newman's Row, London WC2A 3TL
電話：020-7405-1393
時間：週一至週五 9:00am-5:00pm　**費用**：免費
網頁：www.libcolnsinn.org.uk
⭐ INFO

探訪偉大建築師的收藏
約翰·桑那爵士博物館
Sir John Soane's Museum

17 ⊙ MAP 5-1 B6

🚗 乘地鐵 Central 線至 Holborn 站，出站後步行約 5 分鐘即達

約翰·桑那爵士 (Sir John Soane) 曾是18-19世紀英國著名建築師，他曾被邀設計多個皇室及公共建築，即使直到今天，地位仍然舉足輕重。把住所捐出，並改建為博物館是他生前的心願，這座約翰·桑那爵士博物館正是出自他手筆的傑作，不但外觀前衛，館內的展品更是包羅萬有，眾多約翰·桑那爵士的獨特收藏令人驚歎不已。

地址：13 Lincoln's Inn Fields, London
電話：020-7405-2107
時間：週三至週日 10:00am-5:00pm
費用：免費
網頁：www.soane.org
⭐ INFO

Oxford Circus
SOHO
Westminster
South-bank
Russell Square
Covent Garden & Temple
Tower Hill & Brick Lane
Knights-bridge
Hyde Park & Notting Hill
Regent's Park

愛書人的天堂 **18** ⊛ MAP 5-1 **B1**

大英圖書館 The British Library

🚇 乘地鐵 Northern 線至 King's Cross St. Pancras 站，出站後步行約 5 分鐘即達

牛津廣場
蘇豪區
西敏寺
南岸
羅素廣場
考文特花園及聖殿區
及聖殿區
及紅磚巷
倫敦塔山
騎士橋
海德公園及
諾丁山
攝政公園

大英圖書館為世界上最大藏書量之一的圖書館，全部館藏共1.5億件，單是倫敦總部的地下藏書就達 2-2.5 千萬冊，書架總長 300 英里。圖書館外的建築已令人感到值得一到，甫進入圖書館大門就能看到高聳入雲的藏書閣，令人視覺震撼。館內展覽館更有原作珍藏展出，如最早的聖經印刷品——古騰堡聖經、達‧文西的手稿、作曲家貝多芬、蕭邦及莫扎特等樂譜原稿，令人大開眼界。

地址：96 Euston Road London NW1 2DB
營業時間：週一至四 9:30am-8:00pm，週五至 6:00pm，
週六至 5:00pm，週日 11:00am-5:00pm
費用：免費　　**網頁**：https://www.bl.uk/
⭐ *INFO*

維多利亞時代文學天才的故居 **19** ⊛ MAP 5-1 **C4**

狄更斯故居博物館 Charles Dickens Museum

🚇 乘地鐵 Piccadilly 線至 Russell Square 站，出站步行 10 分鐘即達

維多利亞時代英國大文豪狄更斯於1837至1839年居住在倫敦的寓所，現在已經成為一所世界知名的博物館。開放於1925年的博物館共4層，展示了一些繪畫作品的珍藏版本、當時的傢俱，以及狄更斯的手稿、書信及其他私人的物品，吸引了來自全球各地的狄更斯書迷到來，感受這位維多利亞時代文學天才當年的生活狀態。

地址：48 Doughty Street, Camden Town, London WC1N 2
電話：020-7405-2127
時間：週三至週日 10:00am-5:00pm，週一及週二休息
費用：成人 12.5 英鎊，長者及學生 10.5 英鎊，6-16 小童 7.5 英鎊，
6 歲以下免費
網頁：www.dickensmuseum.com
⭐ *INFO*

溫室酒吧
Mr Fogg's House of Botanicals

20 ⭐ MAP 5-1 **B2**

 乘地鐵 Northern 線至 Goodge Street 站，
出站後步行 5 分鐘即達

提到 Mr Fogg，可能大家都會感到陌生，如果告訴你他是法國名著《80日環遊世界》(Around the World in 80 Days) 的主角 Phileas Fogg，大部分人都會聽過。倫敦暫時有六間以 Mr Fogg 為主題的食肆，都是以該小説內容作延伸，當中的 House of Botanicals，靈感就來自 Mr Fogg 環遊世界回國後，帶了許多奇珍異卉，所以餐廳亦布置得像大溫室一樣，到處充滿綠意，配上非常傳統的英式設計，讓每位食客都紳士淑女上身，舉止都變得高貴優雅。

地址：48 Newman St, Fitzrovia, London W1T 1QQ
時間：週一至週三 4:00pm-12:00mn，週四及週五至 1:00am，
　　　週六 12:00nn-1:00am，週日 2:00pm-11:00pm
電話：020-7590-5256　　費用：免費
網頁：https://mr-foggs.com/house-of-botanicals/ ⭐ **INFO**

優質平價牛排店
Flat Iron

21 ⭐ MAP 5-1 **C3**

 乘地鐵 Northern 線至 Tottenham Court Road 站，
出站後步行 5 分鐘

人人都説倫敦吃得平有難度，但在 Flat Iron，一份優質牛扒加沙律都只是10餘鎊，另外，店員亦會送上免費的牛油爆谷。店家不設訂位，記得提早來向店員登記入座。

其他分店：

鄰近地鐵站	地址
Piccadilly Circus / Oxford Circus	17 Beak St, Soho, W1F 9RW
Leicester Square/ Covent Garden	17/18 Henrietta St, Covent Garden, WC2E 8QH
Shoreditch High Street	77 Curtain Road, Shoreditch, EC2A 3BS 46
Westbourne Park	Golborne Road, London, W10 5PR

地址：9 Denmark St, London WC2H 8LS
電話：週一至週二 12:00nn-10:00pm，週三及週四至
　　　10:30pm，週五及週六至 11:30pm
網頁：http://flatironsteak.co.uk
　　　www.facebook.com/FlatIronSteak ⭐ **INFO**

倫敦 LONDON

Oxford Circus
SOHO
Westminster
South bank
Russell Square
Covent Garden & Temple
Tower Hill & Brick Lane
Knights-bridge
Hyde Park & Notting Hill
Regent's Park

銀器世家
The London Silver Vaults

22 🔍 MAP 5-1 C6

🚇 乘地鐵 Central 線至至 Chancery Lane 站，出站後步行約 5 分鐘即達

牛津廣場
蘇豪區
西敏寺
南岸
羅素廣場及考文特花園
及聖殿區
倫敦塔山及紅磚巷
騎士橋
海德公園及諾丁山
攝政公園

The London Silver Vaults 於1876年開業，現已傳承至第三代，百多年來專注製作銀製家具用品及精美銀器古董等，其銀製用品一直深受收藏銀器者所喜愛。設計高貴優雅之餘，種類齊全，從銀餐具、裝飾品、禮品、珠寶及銀製古董俱備，猶如一個小型銀器博物館。

> 地址：53-64 Chancery Lane. Holborn, London WC2A 1QS
> 電話：020-7242-3844
> 時間：週一至五 9:00am-5:30pm，週六至 1:00pm，週日休息
> 網頁：https://silvervaultslondon.com
> ⭐ INFO

郵政地底火車
Postal Museum Mail Rail

23 🔍 MAP 5-1 D4

🚇 乘地鐵 Piccadilly 線至 Russell Square Station 站步行 12 分鐘

倫敦地底有一條由20年代開始營運的 Mail Rail 郵政鐵路，當年是為了方便運送郵件而特意掘挖。Mail Rail 以火車運載郵件及包裹，服務英國80多年，直至2003年停駛。而最近 Mail Rail 化身為觀光列車，讓遊客在15分鐘體驗當年地底送信，觀光完可再順道參觀地面博物館，了解當年郵局對英國的重要性。

> 地址：15-20 Phoenix Pl, London WC1X 0DA
> 電話：030-0030 0700
> 時間：週三至週日 10:00am-5:00pm
> 網頁：www.postalmuseum.org
> ⭐ INFO

考文特花園及聖殿區
Covent Garden & Temple

交通策略

Oxford Circus	⊖ Central line • 1分鐘	Piccadilly Circus (轉車)	⊖ Piccadilly line • 3分鐘	Covent Garden

| Covent Garden | ⊖ Piccadilly line • 1分鐘 | Leicester Square (轉車) | ⊖ Northern line • 2分鐘 | |

| | | Temple | ⊖ District line or Circle line • 2分鐘 | Embankment (轉車) |

| Mansion House | | ⊖ District line or Circle line • 3分鐘 | | Temple |

推介景點

考文特花園
Covent Garden
食買玩一站式
文化露天廣場

薩默塞特宮
Somerset House
大 型 文 藝
活 動 宮 殿

聖殿教堂
Temple Church
聖殿騎士總部

千禧橋
The Millennium Bridge
橫跨泰晤士河懸索橋

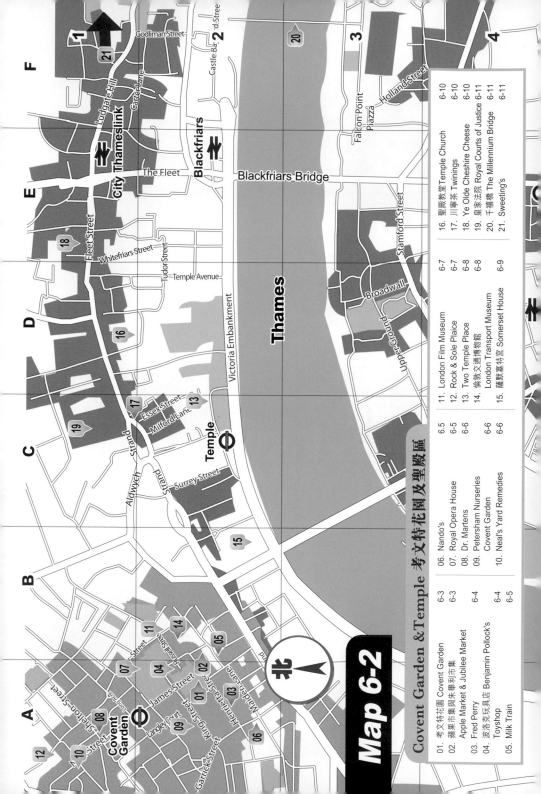

Covent Garden &Temple 考文特花園及聖殿區

01. 考文特花園 Covent Garden	6-3	06. Nando's	6-5	11. London Film Museum	6-5
02. 蘋果市集與朱畢利市集 Apple Market & Jubilee Market	6-3	07. Royal Opera House	6-5	12. Rock & Sole Plaice	6-5
03. Fred Perry	6-4	08. Dr. Martens	6-6	13. Two Temple Place	6-6
04. 波洛克玩具店 Benjamin Pollock's Toyshop	6-4	09. Petersham Nurseries Covent Garden	6-6	14. 倫敦交通博物館 London Transport Museum	6-6
05. Milk Train	6-5	10. Neal's Yard Remedies	6-6	15. 薩默塞特宮 Somerset House	6-6

16. 聖殿教堂Temple Church	6-10
17. 川寧茶Twinings	6-10
18. Ye Olde Cheshire Cheese	6-10
19. 皇家法院 Royal Courts of Justice	6-11
20. 千禧橋 The Millennium Bridge	6-11
21. Sweeting's	6-11

Map 6-2

文藝活動匯集觀光購物區

01 ⭐ MAP 6-2 A2

考文特花園 Covent Garden

倫敦 LONDON

🚗 乘地鐵至 Piccadilly 線 Covent Garden 站，出站後步行約 5 分鐘即達

在中世紀時，考文特花園曾經是僧侶的菜園，後來逐漸引入倫敦紳士們居住，成為高級住宅區之一，並建了一座城市廣場。隨著城市的發展，考文特花園已經發展成為了一個融合古典與現代特色的觀光娛樂購物區。考文特花園充滿生氣和活力，全賴街頭藝人表演及沿街的攤販，特色商品及自家制的手工藝品，吸引大量當地人及遊客。

《窈窕淑女》

考文特花園是英國經典電影《窈窕淑女 (My Fair Lady)》的拍攝地，故事講述由柯德莉 • 夏萍飾演的 Eliza 是一位貧窮的賣花女，後來跟語言學教授 Henry 拜師，學習優雅舉止及談吐禮儀，最後變身成為一位能躋身上流社會的窈窕淑女。電影一出後大獲好評，而考文特花園也隨之一炮而紅。

地址：31 Henrietta St, Westminster, City of London WC2E
時間：9:00am-7:00pm（各店舖營業時間不同）
網頁：www.coventgardenlondonuk.com
⭐ INFO

考文特花園標誌市集

02 ⭐ MAP 6-2 B2

蘋果市集與朱畢利市集
Apple Market & Jubilee Market

🚗 乘地鐵 Piccadilly 線至 Covent Garden 站，出站後步行約 3 分鐘即達 Apple Market，4 分鐘即達 Jubilee Market

位於考文特花園建築中庭的蘋果市集，與廣場南側的朱畢利市集，都是考文特花園的重要標誌。其中蘋果市集的透光屋頂下光線充足，200餘個經營首飾、玻璃器皿、蠟燭、木玩具、手工泰迪熊與古董收藏品的攤位整齊排列，吸引了眾多遊客觀光購物。至於成立於1975年的朱畢利市集，則以足球紀念品、古董和「二戰」紀念品、老剪報等收藏品為主。

地址：1 Tavistock Ct, The Piazza, Covent Garden, London WC2E 8HB（於 Covent Garden 內）
時間：古董市場：週一 5:00am-5:00pm，週二至週五 10:30am-7:00pm；手工藝市場：週六及週日 10:00am-6:00pm；Apple Market：攤販各有不同營業時間　**電話**：020-7379-4242　**網頁**：jubileemarket.co.uk
⭐ INFO

右側縱向標籤：Oxford Circus｜SOHO｜Westminster｜South-bank｜Russell Square｜Covent Garden & Temple｜Tower Hill & Brick Lane｜Knights-bridge｜Hyde Park & Notting Hill｜Regent's Park

歷久不衰的Polo衫
Fred Perry

乘地鐵 Piccadilly 線至 Covent Garden 站，出站後步行約 5 分鐘即達

★★★
牛津廣場
蘇豪區
西敏寺
南岸
羅素廣場
考文特花園及聖殿區
倫敦塔山及紅磚巷
騎士橋
諾丁山
海德公園及
攝政公園

　　由英國溫布頓網球大滿貫賽三次奪冠的Frederick John Perry，和澳洲的欖球運動員Tibby Wegner合作推出的Fred Perry品牌，一經推出就大受歡迎，其中1952年推出的護腕和短袖Polo衫更是一舉成名，其著名的月桂冠商標，則源自於Perry所成名的溫布頓大滿貫賽事的Logo。

地址：9 Henrietta Street, Covent Garden,London, WC2E 8PW
電話：020-7836-3215
時間：週一至週六 11:00am-7:00pm，週日 12:00pm-6:00pm
網頁：www.fredperry.com
★ INFO

懷舊復古的玩具
波洛克玩具店 Benjamin Pollock's Toyshop

乘地鐵 Piccadilly 線至 Covent Garden 站，出站後步行約 4 分鐘即達

　　19世紀80年代因製作紙劇場玩具知名的本傑明·波洛克，創作過大量精緻的傳統玩具；以其命名的波洛克玩具店內，更放滿各式各樣的英國傳統玩具，其中充滿懷舊氣氛的紙劇場玩具更是這裡的招牌商品。不論《天鵝湖》、《灰姑娘》，還是《羅密歐與茱麗葉》等名作的紙劇場玩具，都可以在這裡尋覓到。在小劇場內懸掛木偶表演中一套套世界名著，充滿了迷人色彩。

地址：44, The Market, The Piazza, London WC2E 8RF
電話：020-7379-7866
時間：週日至週三 11:00am-5:00pm，週四至週六 11:00pm-6:00pm
網頁：pollocks-coventgarden.co.uk
★ INFO

一嚐雲雪糕 05 🔍 MAP 6-2 B2
Milk Train

🚇 乘地鐵 Piccadilly 線至 Covent Garden 站,出站後步行約 5 分鐘即達

　　Milk Train 是以火車站為設計靈感的雪糕店,處處充滿可愛心思,無論是雪糕造型或店舖設計都非常 instagrammable。顧客可先揀選雪糕味道,如雲呢嗱或綠茶等,再選杯或甜筒,最後選取是否需加棉花糖或於雪糕加上喜愛的 Topping,即成一嚐雲雪糕效果·難怪推出後瞬即俘虜少女心!

> **地址:** 12 Tavistock St, Covent Garden, London WC2E 7PH
> **時間:** 週二至週四 1:00pm-9:00pm,週五及六至 10:00pm,
> 　　　週日至 8:00pm,週一休息
> **網頁:** milktraincafe.com
> ⭐ **INFO**

平民美食 Nando's 06 🔍 MAP 6-2 A2

🚇 乘地鐵 Piccadilly 線至 Covent Garden 站,出站後步行約 7 分鐘即達

　　Nando's 是一家連鎖葡式烤雞餐廳,在倫敦目前有 86 間分店,是相當普遍的食物。它們的招牌 Peri-Peri 烤雞,即點即燒,有不同的辣度選擇,喜歡的話更可以把醬汁整枝買走,配上沙律、粟米、薯條等,餐廳也有賣漢堡包、雞卷、薄餅等偏向墨西哥及南非的食物,加上價錢夠大眾化,所以長期人氣 No.1!

> **地址:** 66-68 Chandos Pl, Covent Garden WC2N 4HG
> **電話:** 020-7836-4719　**時間:** 11:30am-10:00pm
> **網頁:** nandos.co.uk
> ⭐ **INFO**

殿堂級歌劇院 07 🔍 MAP 6-2 A2
倫敦皇家歌劇院 Royal Opera House

🚇 乘地鐵 Piccadilly 線至 Covent Garden 站,出站後步行約 5 分鐘即達

　　倫敦皇家歌劇院初建於 1732 年,期間數度被大火及戰爭損壞,進行了多次重建,但始終聳立在考文特花園,成為該處的地標。現時的歌劇院在 1989 年重建,只有樓高四層的觀眾席是 1856 年殘存的建築。劇院有 2250 個座位,是英國皇家歌劇團、英國皇家芭蕾舞團、皇家歌劇院管弦樂團的表演主場。

> **地址:** Bow St, London WC2E 9DD　**電話:** 020-7304-4000
> **網頁:** https://www.roh.org.uk/
> ⭐ **INFO**

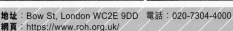

倫敦 LONDON

Oxford Circus | SOHO | Westminster | South-bank | Russell Square | Covent Garden & Temple | Tower Hill & Brick Lane | Knights-bridge | Hyde Park & Notting Hill | Regent's Park

牛津廣場

蘇豪區

西敏寺

南岸

羅素廣場

考文特花園及聖殿區

倫敦塔山及紅磚巷

騎士橋

諾丁山

海德公園及攝政公園

不死潮物馬田靴 **08** 🔍⭐MAP 6-2 **A1**
Dr. Martens

🚇 乘地鐵 Piccadilly 線至 Covent Garden 站，出站向北步行 10 分鐘即達

　　Dr. Martens 品牌是由一名德國人 Martens 醫生所創立，由於他在二戰期間深受腳傷之苦，因而發明了一款鞋底有氣墊的靴子，並深受德國主婦歡迎，之後 Dr. Martens 將其出售給英國的 Griggs，該鞋一經問世就成為當時工人、郵差和警員的最愛，70年代之後又成為當時年輕人的最愛，直至現今依舊是搖滾樂團的標準行頭。

地址：17-19 Neal Street, London WC2H 9PU
電話：020-7240-7555
時間：週一至週三 10:00am-7:00pm，週四至週六 10:00am-8:00pm，週日 11:00am-6:00pm
網頁：www.drmartens.com
⭐INFO

品味花園雜貨店餐廳 **09** 🔍⭐MAP 6-2 **A2**
Petersham Nurseries Covent Garden

乘地鐵 Piccadilly 線至 Covent Garden 站，出站即達

　　鼎鼎大名的米芝蓮一星榮譽餐廳 Petersham Nurseries 由郊區攻入市區，主打 Slow Food 及自家栽種的季節食材，一向備受青睞。而 Covent Garden 新店集熟食、雜貨、花店、酒窖及 La Goccia 及 The Petersham 餐廳於一身。

地址：31 King Street, London, WC2E 8JD
電話：020 7305 7676
時間：週一至週三 10:30am-6:30pm，週四至週六 10:30am-9:00pm，週日 10:30am-5:00pm
網頁：petershamnurseries.com
⭐INFO　店舖位於二級歷史建築物內，而店內擺滿各種家品。

天然療法護膚品 **10** 🔍⭐MAP 6-2 **A1**
Neal's Yard Remedies

乘地鐵 Piccadilly 線至 Covent Garden 站，出站步行約 3 分鐘即達

　　創立於1981年的 Neal's Yard Remedies，現今在倫敦擁有多家連鎖店，由於其經營者對另類療法和自然療法甚為擅長，因而 Neal's Yard Remedies 擁有各種不含防腐劑、人造香精或基因改造的護膚產品，其中有機野玫瑰按摩油、臉部用玫瑰油、梅麗莎有機護手膏、薰衣草茶樹體香薰都獲得過各種獎項，成為大熱品牌。

地址：15 Neal's Yard, London WC2H 9DP
電話：020-7379-7222
時間：平日 10am-8pm；週六至 6:30pm，週日 11am-6pm
網頁：www.nealsyardremedies.com
⭐INFO

哈利波利展品 ⑪ 🔍 MAP 6-2 B2
London Film Museum

🚕 乘地鐵 Piccadilly 線至 Covent Garden 站，出站後步行約 4 分鐘即達

★★★
Oxford Circus
SOHO
Westminster
South-bank
Russell Square
Covent Garden & Temple
Tower Hill & Brick Lane
Knights-bridge
Hyde Park & Notting Hill
Regent's Park

倫敦電影博物館位於Covent Garden，繼展出007電影系列的靚車及電影道具後，又迎來另一電影展品 Harry Potter Photographic Exhibition，影迷可以大飽眼福！展場後方還有小酒吧，可以點一杯魔法飲品「黃油啤酒」，場內更有哈利波特相關限定紀念品出售，現在麻瓜也買得到了！

★ INFO
地址：45 Wellington Street, Covent Garden, London WC2E 7BN
電話：020-7836-4913
消費：成人 20 英鎊，5-15 歲小童 14 英鎊
時間：週日至五 10:00am-6:00pm，週六至 7:00pm
網頁：www.harrypotteronlocation.co.uk

傳統炸魚薯條 ⑫ 🔍 MAP 6-2 A1
Rock & Sole Plaice

🚕 乘地鐵 Piccadilly 線至 Covent Garden 站，出站後步行 5 分鐘即達

英國傳統的街頭小吃炸魚和薯條馳名中外，遊客來到倫敦自然要找機會品嘗正宗的炸魚和薯條。Rock &Sole Plaice 內的炸魚和薯條雖然價格不便宜，但分量充足，薯條也是不油不膩。外皮金黃酥脆的炸魚總共有7種魚類供食客選擇，味道鮮美誘人。吃過炸魚和薯條後，還可以品嘗這裡的英國傳統的拖肥糖漿布丁和綠豌豆泥，感受絕對正統的英國美味。

地址：47 Endell Street, London WC2H 9AJ
電話：020-7836-3785
時間：週一至週六 12:00am-11:00pm，週日 12:00nn-10:00pm
消費：16 英鎊
網頁：www.rockandsoleplaice.com

★ INFO

美女與野獸城堡 ⑬ 🔍 MAP 6-2 C2
Two Temple Place

🚕 乘地鐵 Circle 或 District 線至 Temple 站，出站後步行 2 分鐘

　　大熱真人版電影《美女與野獸》中，貝兒跟野獸居住的大宅邸，其實就是位於泰晤士河旁的 Two Temple Place，它曾是富商 William Waldorf Astor 的辦公室及第二住處，現在是展覽機構，平日不對外開放，只有辦展覽時才有機會參觀。

地址：2 Temple Pl, London WC2R 3BD
電話：020-7836-3715
時間：展覽 10:00am-4:30pm，週二休息
網頁：http://twotempleplace.org
⭐ INFO

「交通族」不可錯過 🔍 MAP 6-2 B2
倫敦交通博物館 ⑭
London Transport Museum

🚕 乘地鐵 Piccadilly 線至 Covent Garden 站，出站後沿 James Street 步行 4 分鐘即達

　　倫敦交通博物館在 1980 年開放，收藏了不同年份的交通工具，如維多利亞時代的雙層馬拉車、世上第一列地鐵車頭—Metropolitan，及各種早已淹沒在歷史中的交通工具模型、地圖、海報等。博物館職員穿上舊制服，帶著隨身售票機，置身其中。另外不可錯過館內附設的專賣店，提供限量模型、復刻地圖票券、車站標誌、鐵牌、玩具等紀念品，充滿懷舊趣味。

地址：Covent Garden Piazza, London WC2E 7BB
電話：020-7379-6344
時間：10:00am-6:00pm
費用：成人 21 英鎊，長者 20 英鎊，17 歲以下免費
　　　（持 London Pass 可免費進入）
網頁：www.ltmuseum.co.uk
⭐ INFO

藝術宮殿
薩默塞特宮 Somerset House

🚗 乘地鐵 Circle 或 District 線至 Temple 站，出站後步行約 10 分鐘即達

於1547年修建的薩默塞特宮曾是伊莉莎白一世居住的宮殿，自18世紀開始，慢慢成為了藝術重地。宮內有 The Courtauld Gallery 經常有不同主題的展覽，其中展出過馬奈、高更的畫作及大量印象派與後印象派的珍品。在夏天，典雅的中庭會舉行露天音樂會和電影院，冬天則化身為浪漫的溜冰場。除了參觀之餘，亦可在河畔露台咖啡座小憩片刻，享受這難得的閒情逸致。

⭐ **INFO**

地址：Strand, London WC2R 1LA **電話**：020-7845-4600
時間：戶外及 Strand Entrance 8:00am-11:00pm，Great Arch
　　　　Entrance 至 7:00pm，New Wing 至 9:00pm
費用：免費，展覽廳另外收費 **網頁**：www.somersethouse.org.uk

人文學術氛圍濃郁的地區

位於維多利亞河岸大道和艦隊街之間的聖殿區，是一處人文學術氛圍濃郁的地區，沿街林立著大量雕刻裝飾的優美建築，現今大部分都是中堂和內堂法學院所在地，是遊客在繁忙的大都會倫敦體驗另一種休閒風情的絕佳選擇。

Oxford Circus
SOHO
Westminster
South-bank
Russell Square
Covent Garden & Temple
Tower Hill & Brick Lane
Knights-bridge
Hyde Park & Notting Hill
Regent's Park

充滿神秘傳奇色彩
聖殿教堂 Temple Church

 倫敦 LONDON

16 MAP 6-2 **D1**

乘地鐵 Circle 或 District 線至 Temple 站，出站後步行 15 分鐘即達

位於聖殿區的聖殿教堂在1185年舉行了獻祭儀式，曾是12世紀聖殿騎士團在英格蘭的總部。聖殿教堂分為兩部分，其中的長方形高壇完工於1240年，而圓頂殿則是仿照耶路撒冷聖墓紀念堂而建，在教堂內有9座真人大小的騎士雕像，是暢銷小説《達文西密碼》的主要故事場景之一。

地址：Temple, London EC4Y 7HL
時間：10:00am-4:00pm(開放時間每月有所不同)
網頁：www.templechurch.com
電話：020-7353-8559
費用：5英鎊，16歲以下免費

⭐ INFO

英國茶的代名詞　**17** MAP 6-2 **C1**
川寧茶 Twinings

乘地鐵 Circle 或 District 線至 Temple 站，出站後步行 10 分鐘即達

開業於1706年的川寧茶擁有300餘年歷史，早已成為英國茶的代名詞，在 The Strand 的老店可看到一對身穿清朝服飾的中國人偶在門楣上背對背坐著，店內展示了的各式茶葉、茶包、茶杯、茶壺等各種茶具，有些還被設計成裝飾精美的禮盒。即使不買茶，遊客也可在店內附設的小型博物館內通過照片和文字資料了解川寧茶的歷史。

地址：216 The Strand, London WC2R 1AP　　**電話**：020-7353-3511
時間：週五至週三 11:00am-6:00pm，週四 11:30am-6:30pm
網頁：twinings.co.uk

⭐ INFO

500年歷史的大文豪酒吧　**18** MAP 6-2 **E1**
Ye Olde Cheshire Cheese

乘地鐵 Circle 或 District 線至 Temple 站，出站後步行約 10 分鐘或乘從 Blackfriars 站轉乘 British Rail 至 City Thameslink 站，出站後步行 5 分鐘即達

隱匿在小巷中的 Ye Olde Cheshire Cheese 開業於1538年，擁有500年歷史的它早被列為二級保護建築。當年光顧這裡的客人有馬克吐溫、柯南道爾、塞繆爾約翰遜等名人，最令人深刻的是狄更斯名作《雙城記》中曾提及這間酒吧。店內提供充滿英國特色的食物，設有可供客人站立飲酒的小桌，也有相對隱秘的卡座。四周光線昏暗，木質裝潢充滿古樸風韻。

地址：145 Fleet Street, London EC4A 2BU　　**電話**：020-7353-6170
時間：週一至週六 12:00nn-11:00pm，週日休息

⭐ INFO

牛津廣場　蘇豪區　西敏寺　南岸　羅素廣場

及考文特花園 聖殿區

倫敦塔山及紅磚巷　騎士橋　諾丁山海德公園及攝政公園

威嚴的英國最高法院
皇家法院 Royal Courts of Justice

⑲ ⭐MAP 6-2 C1

🚗 乘地鐵 Circle 或 District 線至 Temple 站，出站後步行約 10 分鐘即達

　　始建於1874年的皇家法院，在1882年由維多利亞女皇親自主持了法院的竣工儀式，是英格蘭和威爾斯地區的最高法院。由於皇家法院建於英國歷史上最強盛的日不落帝國時期，極盡奢華的建築擁有宏偉的拱形大廳和長廊，內部擁有上千間房間，至今依舊是倫敦最具特色的壯美建築之一。此外，開庭的時候法院可以開放給民眾入內旁聽。

地址：Strand, London WC2A 2LL
時間：週一至週五 9:00am-4:30pm
網頁：www.justice.gov.uk
電話：020-7947-6000
費用：免費
⭐INFO

泰晤士河上首座步行橋
千禧橋 The Millennium Bridge

⑳ ⭐MAP 6-2 F3

🚗 乘地鐵 Circle 或 District 線至 Mansion House 站，出站後步行 10 分鐘即達

　　連接聖保羅大教堂與泰特現代美術館的千禧橋長325米，寬4米，是泰晤士河上首座步行懸索橋，於2000年第一天開通就吸引了9萬餘人次。美中不足的是因設計失誤，橋身會出現晃動，因此開放僅3天後就被迫關閉，2年後重新啟用。現在遊客站在千禧橋上不僅可以欣賞泰晤士河畔的美景和遠處的塔橋，入夜後橋身還會亮起絢麗的燈光，呈現出迷人的夜色。

地址：The Millennium Bridge, London EC4
電話：020-7606-3030　　時間：24 小時
網頁：www.londonmillenniumbridge.com
費用：免費
⭐INFO

倫敦地標海鮮餐廳
Sweeting's

㉑ ⭐MAP 6-2 F1

🚗 乘地鐵 Circle 或 District 線至 Mansion House 站，出站後步行 5 分鐘即達

　　開業於1830年的 Sweeting's 深受倫敦食客好評，被譽為「倫敦地標」的老字號海鮮餐廳，每天中午都有食客專程來到這裡排隊等候，品嘗這裡新鮮的魚類及蝦蟹貝類料理，此外還有魚肉派、烤果醬卷和傳統糖漿布丁等美味，桌上用銀杯盛載的黑啤酒和苦啤酒，以及白葡萄酒和香檳任君選擇。

地址：39 Queen Victoria Street, London EC4N 4SF
時間：週一至週五 11:30am-3:00pm，週六及週日休息
網頁：www.sweetingsrestaurant.com
電話：020-7248-3062
消費：35-40 英鎊
⭐INFO

Oxford Circus
SOHO
Westminster
South-bank
Russell Square
Covent Garden & Temple
Tower Hill & Brick Lane
Knights-bridge
Hyde Park & Notting Hill
Regent's Park

倫敦塔山及紅磚巷
Tower Hill & Brick Lane

交通策略

Oxford Circus ⊖ Central line • 8分鐘	**Bank** 步行 • 6分鐘	**Monument**
Monument ⊖ District line / Circle line • 2分鐘	**Tower Hill** ⊖ District line • 6分鐘	**Aldgate East**
Shoreditch High Street ⊖ London Overground • 2分鐘	**Whitechapel（轉車）** ⊖ District line • 2分鐘	

推介景點

大火紀念柱
The Monument
記念英國史上
最嚴重大火

倫敦塔 Tower
of London
女王陛下的
宮殿與城堡

倫敦塔橋
Tower Bridge
英國地標
建築之一

紅磚巷市場
Brick Lane
Market
地道街頭藝術文化

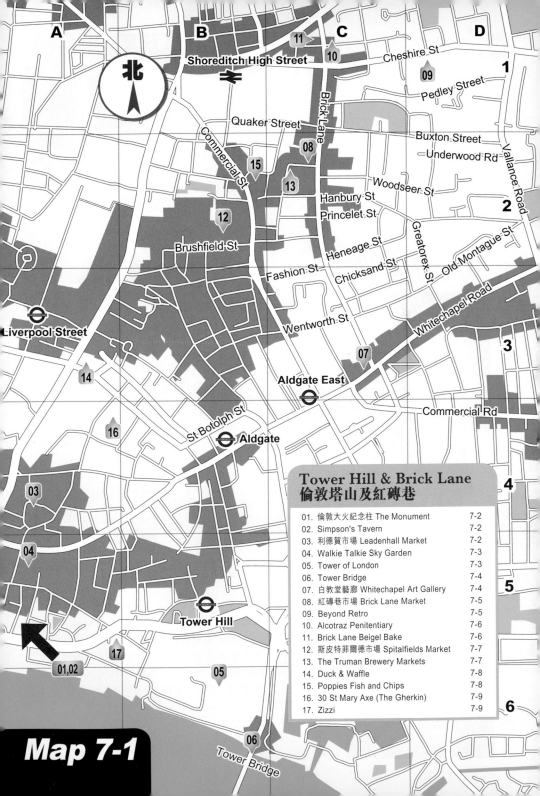

A B C D

Shoreditch High Street

11

10

Cheshire St

09

Pedley Street

北

Quaker Street

08

Buxton Street

Underwood Rd

Vallance Road

Commercial St

15

Woodseer St

13

Hanbury St

Princelet St

Greatorex St

Old Montague St

12

Brushfield St

Heneage St

Chicksand St

Fashion St

Whitechapel Road

Wentworth St

Liverpool Street

07

Aldgate East

14

Commercial Rd

St Botolph St

16

Aldgate

Tower Hill & Brick Lane
倫敦塔山及紅磚巷

03

01. 倫敦大火紀念柱 The Monument		7-2
02. Simpson's Tavern		7-2
03. 利德賀市場 Leadenhall Market		7-2
04. Walkie Talkie Sky Garden		7-3
05. Tower of London		7-3
06. Tower Bridge		7-4
07. 白教堂藝廊 Whitechapel Art Gallery		7-4
08. 紅磚巷市場 Brick Lane Market		7-5
09. Beyond Retro		7-5
10. Alcotraz Penitentiary		7-6
11. Brick Lane Beigel Bake		7-6
12. 斯皮特菲爾德市場 Spitalfields Market		7-7
13. The Truman Brewery Markets		7-7
14. Duck & Waffle		7-8
15. Poppies Fish and Chips		7-8
16. 30 St Mary Axe (The Gherkin)		7-9
17. Zizzi		7-9

04

Tower Hill

17

01,02

05

Map 7-1

06

Tower Bridge

世界最高的獨立石柱 **01** 🔍 ⭐ MAP 7-1 A5
大火紀念柱 The Monument

🚇 乘地鐵 Central、Circle 或 District 線至 Monument 站，出站後步行 2 分鐘即達

為悼念1666年連續燃燒4天的倫敦大火，於1677年修建完工的倫敦大火紀念柱高61.6米，採用古典多立安式建造的柱身，用波蘭石建造，柱頂端有一個被金色火焰包圍的銅甕雕塑，柱底座裝飾有紀念文字和浮雕，是全世界最高的獨立石柱。遊客可順著311層迴旋階梯登上紀念柱的瞭望平台，一覽聖保羅大教堂、塔橋和英國電信塔等周邊景點。

地址：Monument Street, London EC3R 8AH
電話：020-7626-2717
時間：週六至週日 9:30am-1:00pm、2:00pm-6:00pm
費用：成人 5.8 英鎊，含塔橋的套票：13.8 英鎊（持 London Pass 可免費進入）
網頁：www.themonument..org.uk
⭐ **INFO**

左側邊欄：
牛津廣場 蘇豪區 西敏寺 南岸 羅素廣場 及考文特花園及聖殿區 及倫敦塔山及紅磚巷 騎士橋 海德公園及諾丁山 攝政公園

隱匿在小巷中的美味餐館 ⭐ MAP 7-1 A5
Simpson's Tavern **02**

🚇 乘地鐵 Central、Circle 或 District 線至 Monument 站，出站後步行 5 分鐘；或乘地鐵 Central、Northern 或 Waterloo & City 線至 Bank 站，出站後步行 3 分鐘

開業於1757年的 Simpson's Tavern 是一家隱匿在小巷內，充滿維多利亞風情的美味餐館。在充滿古樸風韻的老房子內，食客可以坐在中庭內品嘗到燉牛尾、烤牛肉、燉五花肉配芥末、牧羊人薯仔肉醬派、家常布丁等英國傳統美食，搭配上餐館內提供的法國有機葡萄酒，堪稱一次令人心情愉悦的美食體驗。

地址：Ball Court, 38 1/2 Cornhill, London EC3V 9DR
時間：早餐：週二至週五 8:00am-10:30am；午餐：週一至週五 12:00nn-3:00pm
網頁：www.simpsonstavern.co.uk　　**電話**：020-7626-9885
⭐ **INFO**

哈利波特中的斜角巷 **03** ⭐ MAP 7-1 A4
利德賀市場 Leadenhall Market

🚇 乘地鐵 Central、Circle 或 District 線至 Monument 站，1 號出口出站後步行 5 分鐘；或乘地鐵 Central、Northern 或 Waterloo & City 線至 Bank 站，3 或 4 號出口出站後步行 5 分鐘

利德賀市場是倫敦最古老的市場之一，擁有超過500年歷史，18世紀以前以售賣新鮮食物為主，是維多利亞時期市集的經典代表，古典的韻味及華麗的彩色拱頂成為了一大特色。市場內有4條大道，有不同的餐廳、酒吧、賣精品的小店等，而位於牛首道（Bull's Head Passage）的眼鏡店更是《哈利波特》中破斧酒吧（Leaky Cauldron）的入口，狂熱粉絲一定要去看看！

地址：Leadenhall Market, London EC 3V 1LR
電話：020-7332-1523　　**時間**：10:00am-6:00pm，各商店營業時間不同
⭐ **INFO**

零花費鳥瞰倫敦全景 04 🔍 MAP 7-1 A5
Walkie Talkie Sky Garden

🚗 地鐵 Circle 線至 Monument 站，出站後步行 5 分鐘即達

　　大城市的摩天大樓多設有觀景台，花費一百幾十元行一轉是否物有所值就見仁見智。不過位於倫敦市中心的20 Fenchurch Street 的大廈，設在36樓的 Sky Garden 竟然是免費開放。整個花園樓高三層，遊客可以在其中散步，賞花，與及360度欣賞全市景色。不過因為反應太踴躍，參觀者一定要先在網上預約，否則隨時要吃閉門羹。

> **地址**：Sky Garden, 20 Fenchurch Street London EC3M 3BY
> **時間**：週一至週五 10:00am-6:00pm；
> 　　　　週六及週日 11:00am-9:00pm
> **網頁**：skygarden.london/sky-garden
> **備註**：需要網上預約
> ★ INFO

英國人心中的「故宮」 05 🔍 MAP 7-1 B6
倫敦塔 Tower of London

🚗 乘地鐵至 Tower Hill 站，下車即達

　　倫敦塔建於1078年，其官方名稱是「女皇陛下的宮殿與城堡」。從12世紀起，歷代英國國皇在這裡修建皇宮、教堂，也充當過國家監獄。英國數代國皇都在此居住，國皇加冕前住倫敦塔更是一種慣例。倫敦塔最重要的建築「白塔」是主人居住與守備部隊進駐之所。裡面的聖約翰教堂是倫敦現存最古老的教堂，也屬諾曼第式建築。以白塔為中心，周圍有多達13座塔，當中又以血塔、威克非塔、比徹姆塔最為著名。

珠寶館 (Jewel House) 收藏有歷代國皇的皇冠和珠寶，其中鑲有3,000顆寶石的「帝國皇冠 (Imperial State Crown)」、重達530克拉的鑽石「非洲之星 (Cullinan)」等，極之珍貴，內部不可拍照。

原稱花園塔，因發生過悲慘事件改稱為血塔，被國皇用來專門囚禁政治要犯，被關進這座塔裡的人大多被處死。

> **地址**：The Tower Of London, Tower Hill, London EC3N 4AB
> **電話**：084-4482-7777
> **時間**：3月至10月：週二至六 9:00am-5:30pm，
> 　　　　週日至一 10:00am-5:30pm；11月至2月：
> 　　　　週二至六 9:00am-4:30pm，
> 　　　　週日至一 10:00am-4:30pm
> **費用**：成人 29.9 英鎊，5-16 歲小童 14.9 英鎊，
> 　　　　5 歲以下免費（持 London Pass 可免費進入）
> **網頁**：www.hrp.org.uk
> ★ INFO

Oxford Circus
SOHO
Westminster
South-bank
Russell Square
Covent Garden & Temple
Tower Hill & Brick Lane
Knights-bridge
Hyde Park & Notting Hill
Regent's Park

倫敦大地標 06 MAP 7-1 B6
倫敦塔橋 Tower Bridge

乘地鐵 Circle 或 District 線至 Tower Hill 站，出站後步行 10 分鐘即達

建於1894年的倫敦塔橋，橫跨於泰晤士河上，塔橋採用了維多利亞皇朝的哥德式造型，橋身全長80.5米，寬20米，水面距離橋面42.4米，橋兩端兩座高聳的高塔與毗鄰的倫敦塔相互映襯，蔚為壯觀，已成為倫敦的城市標誌之一。倫敦塔橋內常年設有各種主題的展覽，遊客除了可以在塔橋上拍照留念，還可上網查詢吊橋拉起的升降時間。

牛津廣場
蘇豪區
西敏寺
南岸
羅素廣場
及聖文特花考園
及倫敦塔山紅磚巷
騎士橋
海德公園及諾丁山
攝政公園

地址：Tower Bridge, London SE1 3AA **電話**：020-7403-3761

時間：9:30am-6:00pm

費用：成人 11.4 英鎊，長者及學生 8.6 英鎊，5-15 歲小童 5.7 英鎊，5 歲以下小童免費 **網頁**：www.towerbridge.org.uk

★ INFO

前瞻性的藝術畫廊 07 MAP 7-1 C3
白教堂藝廊 Whitechapel Art Gallery

乘地鐵 Hammersmith & City 或 District 線至 Aldgate East 站，出站後步行約 5 分鐘即達

成立於1901年的白教堂藝廊以其前瞻性而聞名，波洛克、理查·隆、大衛·霍尼克、吉伯特與喬治等著名藝術家在英國的第一次公開展覽，都是在白教堂藝廊舉辦，故被譽為「倫敦藝術搖籃」。白教堂藝廊除了擴建的展館外，還開設有教育中心、歷史中心和可以俯瞰街道的咖啡座，令遊客在參觀藝術品之餘可以小憩片刻，在悠閒的氛圍中感受美的洗禮。

地址：77-82 Whitechapel High Street, London E1 7QX

電話：020-7522-7888

時間：週日至週三 11:00am-6:00pm，週四至 9:00pm，週一休息

網頁：www.whitechapelgallery.org

★ INFO

獨特街頭藝跳蚤市場

紅磚巷市場 Brick Lane Market

🚗 乘 Overground 至 Shoreditch High Street 站，出站步行 15 分鐘即達

包括紅磚巷、Cheshire Street、Sclater Street、Chilton Street 等都屬紅磚巷市場，是一處只在週末開放的跳蚤市場，市場內的眾多攤販經營不同貨品，由新舊服飾、生活雜貨到蔬果和海鮮等美味食材，應有盡有，另外，磚塊巷有兩個室內市集 Sunday Up Market 及 Backyard Market 亦會於每週六、日在荒廢釀酒廠 Old Truman Brewery 擺檔。主要售賣年青人的自創品牌、極具個性的手工藝品、時裝、首飾、裝飾品等。

地址：The Old Truman Brewery, 146 Brick Lane, London, E1 6RU　電話：020-7770-6028
時間：Backyard Market、Vintage Market 及 The Tea Room 週六 11:00am-6:00pm，
週日 10:00am-5:00pm；Homegrown Market 及 Sunday Up Market 週日 10:00am-5:00pm；
Boiler House 週六至週日 11:00am-6:00pm　　網頁：www.bricklanemarket.com
★ INFO

名流最愛二手量販店

Beyond Retro

🚗 乘 Overground 至 Shoreditch High Street 站，出站步行 10 分鐘即達

位於 Cheshire Street 一間舊倉庫內的 Beyond Retro 是倫敦面積最大、貨物種類最多的二手服飾店，主要供應各種 40-80 年代風格的服飾，不論牛仔褲、T 恤還是運動服，以及各種絲質刺繡夾克、軍用大衣和小禮服等各種商品都可以在這裡尋覓到。低廉價格、商品繁多，不僅吸引了眾多倫敦市民和遊客來這裡淘寶購物，歌手 Kylie Minogue、名模 Kate Moss 等名流也經常會在這裡尋找中意的商品。

地址：110-112 Cheshire Street, London E2 6EJ
電話：020-7729-9001
時間：週一至週六 11:00am-7:00pm；週日 12:00nn-6:00pm
網頁：www.beyondretro.com
★ INFO

監倉酒吧 ❿ 🔍 MAP 7-1 C1
Alcotraz Penitentiary

🚗 乘 Overground 至 Shoreditch High Street 站，出站後步行 5 分鐘即達

以監倉為主題的食肆其實已不算新穎，不過在倫敦可能物以罕為貴，所以大受歡迎。酒吧名為 Alcotraz，來自美國三藩市著名的惡魔島監獄 (即是辛康納利電影《石破天驚》(The Rock) 故事地點)。客人在105分鐘的坐監時光中，須要換上囚衣，甚至戴上手銬，一嘗監躉的滋味。這裡的酒水都以鐵 Mug 盛載，亦鼓勵客人在外面「偷運」私酒入倉，甚至提供走私道具，非常鬼馬。

地址：212 Brick Ln, London E1 6SA　　**電話**：020-3109-0488　　**費用**：36.99 英鎊 (包一款雞尾酒)
時間：週二至週三 6:35am-8:50pm，週四至 11:15pm，週五 4:10am-11:15pm，週六 11:30am-11:15pm，週六 12:00nn-10:45pm　　**網頁**：https://www.alcotraz.co.uk/　　**備註**：必須網上預訂，並只招待 18 歲或以上人士　⭐ INFO

24小時營業貝果老店 ⓫ 🔍 MAP 7-1 C1
Brick Lane Beigel Bake

🚗 乘 Overground 至 Shoreditch High Street 站，出站步行 5 分鐘即達

以超低價供應美食的 Brick Lane Beigel Bake 是倫敦歷史最悠久的貝果店，每晚店內都會製作超過 7,000 個奶酪、雞蛋、鯡魚等內餡的貝果，其中最受顧客歡迎的是這裡招牌主打的貝果夾醃牛肉，配上芥末和酸黃瓜更是令每一個品嘗過的人讚不絕口。此外，乳酪蛋糕、朱古力蛋糕、英式葡萄乾餡餅、甜甜圈、牛角包等，都是該店的搶手美食。

地址：159 Brick Lane London E1 6SB　　**電話**：020-7729-0616
時間：24 小時營業　⭐ INFO

斯皮特菲爾德市場 Spitalfields Market

12 ⭐ MAP 7-1 B2

倫敦 LONDON

🚃 乘 Overground 至 Shoreditch High Street 站，出站步行 5 分鐘即達

　　斯皮特菲爾德市場建於1887年，其前身原為一處蔬菜水果批發市場。東半部的老建築，便是原來的批發市場遷走後，當地居民力主保留的建築；至於西半部的現代化複合式商場，是在20世紀末才規劃建成，最後兩部分逐漸發展為一處創意市集。

地址：Horner Square, London E1 6EW　　電話：020-7377-1496
時間：Traders Market：週日至週五 10:00am-6:00pm，
　　　週六 11:00am-5:00pm　Retail Shops：10:00am-6:00pm
網頁：www.spitalfields.co.uk
⭐ INFO

啤酒廠廣場
Truman Markets

13

🚃 乘 Overground 至 Shoreditch High Street 站，出站步行 10 分鐘即達

⭐ MAP 7-1 C2

　　The Old Truman Brewery 曾是倫敦最大的啤酒廠，現在則成為東倫敦週末市集。舊啤酒廠門外廣場開滿了酒吧，也有小食攤和服飾店；Truman Markets 斜對面還有一個市集名為 Backyard market，街上匯集著許多年輕藝術家販售自家製的手作品，絕對是感受倫敦次文化的好去處。

地址：Brick Lane, London E1 6QR
電話：020-7770-6028
時間：週五至週六 11:00am-6:00pm，週日 10:00am-5:00pm
網頁：www.cerealkillercafe.co.uk
⭐ INFO

Oxford Circus
SOHO
Westminster
South-bank
Russell Square
Covent Garden & Temple
Tower Hill & Brick Lane
Knights-bridge
Hyde Park & Notting Hill
Regent's Park

24小時吃倫敦美景 ⑭ 🔍 MAP 7-1 A3
Duck & Waffle

牛津廣場 蘇豪區 西敏寺 南岸 羅素廣場 及考文特花園 及倫敦塔山 及紅磚巷 騎士橋 海德公園及諾丁山 攝政公園

🚇 乘地鐵 Central 或 Circle 線至 Liverpool Street 站，出站後步行 5 分鐘

同名招牌菜 Duck & Waffle 油封鴨腿配窩夫，17英鎊

Duck & Waffle 由2012年開業至今，人氣從未退減。位於 Heron Tower 的頂層40樓，由名設計師 Cetra Ruddy 打造，而且餐廳是倫敦絕無僅有的24小時餐廳，即是說可以輕鬆飽覽倫敦的日與夜。靚景以外，餐廳同樣注重材料的品質，而最多人點的就是同名招牌菜 Duck & Waffle 油封鴨腿配窩夫，鴨腿皮脆肉嫩，份量及價錢合理，想吃餐好的就記得要提前訂枱！

Duck & Waffle 分酒吧區及餐廳兩部分

地址：110 Bishopsgate, Heron Tower, 110 Bishopsgate, London EC2N 4AY　**電話**：020-3640-7310　⭐ INFO
時間：週二至週四 7:00am-1:30am，週五至週一 24 小時
消費：25-35 英鎊　**網頁**：duckandwaffle.com　**備註**：有服裝規定 (Dress code)，穿著短褲、運動裝、拖鞋不得進入

得獎炸魚薯條 ⑮ 🔍 MAP 7-1 B2
Poppies Fish and Chips

🚇 乘 Overground 至 Shoreditch High Street 站，出站步行 10 分鐘即達

Poppies Fish and Chips 於1945年開業，是炸魚薯條的老大哥，更被稱為「The UK's Best Chippie」，炸魚選用新鮮的鱈魚 (Cod)、黑線鱈 (Haddock) 及比目魚 (Sole)，灑上鹽及醋後即可享用。除了炸魚薯條，店內還有海鮮拼盤和倫敦名菜鰻魚啫喱 (Jellied Eels)。

地址：6-8 Hanbury Street London E1 6QR
電話：020-7734-4845
時間：週日至週三 11:00am-10:00pm，週四至週六 11:00am-11:00pm
網頁：poppiesfishandchips.co.uk　⭐ INFO

30 St Mary Axe (The Gherkin)

🚗 乘地鐵 Hammersmith & City 或 District 線至 Aldgate 站，出站後步行約 5 分鐘即達

　　子彈外形的 30 St. Mary Axe 是倫敦市內的一棟摩天大樓，暱稱小黃瓜 (Gherkin)，亦是瑞士保險公司 Swiss Re 的倫敦總部，於 04 年落成，樓高 180 米，共四十層樓，由知名的設計師 Norman Foster 及其團隊設計，大樓利用自然條件採光和通風，是目前倫敦最昂貴的辦公大樓。

地址：30 St Mary Axe, London EC3A 8EP
電話：020-7071-5000
網頁：www.30stmaryaxe.com
★ INFO

連鎖意式餐廳　★ 🔍 MAP 7-1 A5

Zizzi ⓱

🚗 乘地鐵至 Tower Hill 站，下車後步行 5 分鐘即達

　　以為在英國吃東西就一定會很貴？其實倫敦有很多連鎖餐廳，價錢便宜而且非常有水準，當中 Zizzi 就是連鎖的意大利餐廳，在英國有 140 多家分店，而且每間的裝修都各具特色。它的餡餅式薄餅 (Calzone)、意大利燴飯 Risotto 都非常滋味，吃多也不會膩。

地址：Plaza Level West, Tower Place, EC3R 5BU
電話：020-3489-0303
時間：週日至五 11:30am-10:00pm，週五及週六至 11:00pm
網頁：www.zizzi.co.uk
★ INFO

倫敦 LONDON
Oxford Circus
SOHO
Westminster
South-bank
Russell Square
Covent Garden & Temple
Tower Hill & Brick Lane
Knights-bridge
Hyde Park & Notting Hill
Regent's Park

騎士橋
Knightsbridge

交通策略

Sloane Square	🚇 District line / Circle line・2分鐘	South Kensington	🚇 Piccadilly line・2分鐘	
Oxford Circus	🚇 Bakerloo line・2分鐘	Piccadilly Circus（轉車）	🚇 Piccadilly line・2分鐘	**Knightsbridge**
Westminster	🚇 Jubilee line・2分鐘	Green Park（轉車）	🚇 Piccadilly line・3分鐘	

推介景點

維多利亞和亞伯特博物館
Victoria & Albert Museum
設計師朝聖地

自然歷史博物館
Natural History Museum
探索世界大自然

Saatchi Gallery
現代藝術寶庫

Harrods
英倫奢華商品百貨

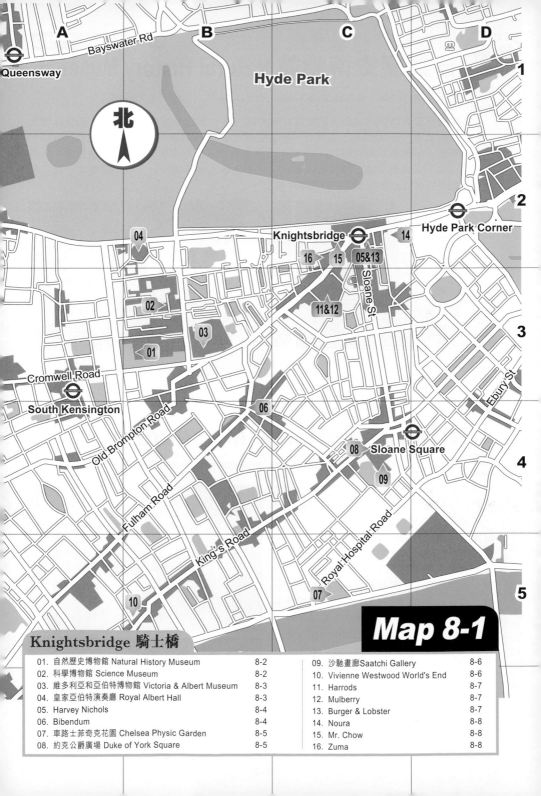

Map 8-1

A　Bayswater Rd　B　C　D

Queensway

Hyde Park

北

1

2

Hyde Park Corner

Knightsbridge

14

04

16　15　05&13

Sloane St

11&12

02

03

3

01

Cromwell Road

South Kensington

Old Brompton Road

06

Ebury St

4

08　Sloane Square

Fulham Road

09

King's Road

Royal Hospital Road

10

07

5

倫敦普及科學寶庫
自然歷史博物館 Natural History Museum

01 ✦ MAP 8-1 **B3**

牛津廣場
蘇豪區
西敏寺
南岸
羅素廣場

乘地鐵 Circle、District 或 Piccadilly 線至 South Kensington 站,下車步行 5 分鐘即達

　　英國自然歷史博物館位於倫敦南肯辛頓地區,是一座維多利亞式的建築,外觀就像是中世紀的大教堂,於1963年正式成立。博物館有20間大陳列廳,內容包括古生物、礦物、植物、動物、生態和人類等6個方面。中央大廳為現代生命科學陳列廳,用立體景觀、展櫃介紹進化論和人類學知識。博物館內還擁有世界上各地動植物和岩石礦物等標本,並且保存著大量早期的自然研究手稿和圖畫等珍貴品。

地址:Cromwell Rd, London SW7 5BD
電話:020-7942-5000
時間:10:00am-5:50pm
費用:個別展覽免費
網頁:www.nhm.ac.uk

★ INFO

歐洲最大規模的科學博物館
科學博物館 Science Museum

02 ✦ MAP 8-1 **B3**

及考文特花園聖殿區
及倫敦塔山紅磚巷
騎士橋
海德公園及諾丁山
攝政公園

乘地鐵 Circle、District 或 Piccadilly 線至 South Kensington 站,下車步行 5 分鐘即達

　　建於1909年的倫敦科學博物館,是集自然科學、科學技術、農業、工業和醫學為一體的綜合性博物館,博物館內設有70個展覽室,約有20萬件物品分成7層展示,這些展出物品記錄了人類生活的各種發現和發明,從塑膠袋、電話到海外鑽油設備和飛機,無所不有。一樓有瓦特發明的蒸汽機以及水輪等動力機械,表演人工閃電的電力展廳,二樓展出工業用的機械,三樓是物理、化學機械展廳,頂樓則展出有關光學、地震觀測和航空方面的內容。地庫還設有兒童展覽室,也會在裡面放映科學電影和舉辦科學講座。

地址:Exhibition Road, London SW7 2DD
電話:0870-870-4868
時間:10:00am-6:00pm,12 月 24 至 26 日閉館
費用:常設展免費,不同展館有不同收費
網頁:www.sciencemuseum.org.uk

★ INFO

世界上最偉大的藝術與設計博物館 MAP 8-1 B3
維多利亞和亞伯特博物館 03
Victoria & Albert Museum

乘地鐵 Circle、District 或 Piccadilly 線至 South Kensington 站，出站步行 5 分鐘即達

　　維多利亞與亞伯特博物館創立於1852年，館內收藏了世界上最多的裝飾藝術品，紀念英國歷史上偉大的君主——維多利亞女皇和她的夫婿亞伯特親王。維多利亞和亞伯特博物館內的展示空間共分為4層樓，展示中國、印度、日本、韓國等多國歷史文物，其中印度文物收藏號稱全世界最多，韓國文物年代則可追溯至西元300年左右。服裝展示區也相當有趣，從馬甲上衣、撐架蓬蓬裙到現代時尚服飾，17世紀初的方巾帽到19世紀的大型花邊帽，所有服飾配件的演進與潮流，這裡都有實品並提供完整的說明。此外，博物館內附設的攝影藝術館也相當著名，1858年就舉辦了第一個攝影展，此後經常展出不同名家作品。

★ INFO

地址：Cromwell Road, London SW7 2RL
電話：020-7942-2000
時間：平日 10:00am-5:45pm，週五 10:00am-10:00pm
費用：不同展館有不同收費　　網頁：www.vam.ac.uk

倫敦城內最古老的音樂廳 04 MAP 8-1 B2
皇家亞伯特演奏廳 Royal Albert Hall

乘地鐵 Circle、District 或 Piccadilly 線至 South Kensington 站，出站步行 10 分鐘即達

　　從1871年開始啟用的皇家亞伯特演奏廳是一幢外觀仿羅馬圓形大劇場的紅磚建築，迄今已有140年歷史，是倫敦城內歷史最悠久的音樂廳。最初亞伯特演奏廳曾被計劃作為藝術科學展廳，在落成完工後為紀念維多利亞女皇去世的丈夫亞伯特而更名為亞伯特演奏廳。演奏廳經常舉辦各種音樂活動，其中每年夏季舉辦 Proms 音樂會不僅有古典音樂演出，還有大量搖滾及流行音樂會，吸引了眾多喜愛音樂的年輕人。

地址：Kensington Gore, London SW7 2AP　　電話：0845-401-5045
時間：夏季 (4 月至 10 月)9:30am-4:30pm，冬季 (11 月至 3 月)10:00am-4:00pm
費用：(導賞團) 成人 16.25 英鎊 (持 London Pass 可免費參加)
網頁：www.royalalberthall.com
★ INFO

Oxford Circus
SOHO
Westminster
South-bank
Russell Square
Covent Gar-den & Temple
Tower Hill & Brick Lane
Knights-bridge
Hyde Park & Notting Hill
Regent's Park

倫敦 LONDON

名牌潘的心水百貨 05 ⭐🔍 **MAP** 8-1 **C2**
Harvey Nichols

🚇🚕 乘地鐵 Piccadilly 線至 Knightsbridge 站，
出站後步行 2 分鐘即達

創立於1813的 Harvey Nichols 最初是一家亞麻布店，百餘年來經過不斷擴張和數度易手，現今已經成為專經營國際大品牌的香港商人潘迪生所有，在英國各大城市和海外都開設有分店。雖然毗鄰世界聞名的 Harrods，但 Harvey Nichols 的消費群體偏向年輕化，店內裝修簡約時尚，各種飾品講求潮流和品味。

牛津廣場｜蘇豪區｜西敏寺｜南岸｜羅素廣場｜及考文聖殿特區花園｜及紅敦磚塔巷山｜騎士橋｜諾丁山｜海德公園及｜攝政公園

地址：109-125 Knightsbridge, London SW1X 7RJ
電話：020-7235-5000
時間：週一至週六 10:00am-8:00pm，
　　　週日 11:30am-6:00pm
網頁：www.harveynichols.com
⭐ **INFO**

倫敦頂級的法式餐廳 06 ⭐🔍 **MAP** 8-1 **B4**
Bibendum

🚇🚕 乘地鐵 Circle、District 或 Piccadilly 線至 South Kensington 站，出站後步行 10 分鐘即達

開業於1987年的 Bibendum，位於1909年修建的米芝蓮屋內，輪胎人造型的彩色玻璃窗引人注目，是倫敦頂級的法式餐廳之一。餐廳內提供各種製作精美的法國料理，不論前菜、主菜還是甜品都有超過10種選擇，而餐廳內精心挑選的酒單，更是獲得一致好評。

地址：Michelin House, 81 FulhamRoad, London SW3 6RD
電話：020-7581-5817
時間：午餐：週四至週六 12:00nn-1:30pm(LO)
晚餐：週二至週四 6:30pm-9:00pm(LO)，週五及週六至 9:30pm(LO)，
　　　週日及週一休息
網頁：www.bibendum.co.uk
⭐ **INFO**

倫敦屈指可數的古老庭院
車路士菲奇克花園 Chelsea Physic Garden

07 ★ MAP 8-1 C5

乘地鐵 Circle 或 District 線至 Sloane Square 站，出站步行約 10 分鐘即達

　　車路士菲奇克花園所在的車路士區，從17世紀開始逐漸成為高級住宅區，迄今已有300餘年歷史，是倫敦屈指可數的古老庭院之一，直到1984年才對一般民眾開放，可謂倫敦最隱秘的花園。花園中栽植植物多達5,000餘種，其中約有400餘種藥草，並以藥用、香料用、料理用等的方式區分，每一種同時列出一般名稱及學術名稱。此外，在園內還設有植物相關的商店、可品嘗香草茶的咖啡座，並開設有英國園藝學校，可學習正宗的英式花園造園技巧。

地址：66 Royal Hospital Road, London
電話：020-7352-5646
時間：週日至週五 11:00am-5:00pm，週六休息
費用：成人 14 英鎊，學生 10 英鎊，5 歲以下免費
網頁：www.chelseaphysicgarden.co.uk

★ INFO

高貴典雅的步行購物商圈
約克公爵廣場 Duke of York Square

08 ★ MAP 8-1 C4

乘地鐵 Circle 或 District 線至 Sloane Square 站，出站後步行約 5 分鐘即達

　　位於King's Road 東端的約克公爵廣場是一處雅致的行人專用區，漂亮的中庭內有經營服飾、內衣、鞋子、化妝品、珠寶和家居飾品的商舖，同時還有供人休閒小憩的咖啡店、小餐館和雪糕店。值得一提的是廣場內的眼鏡店 Michel Guillon，這家店利用鏡面反射和背光製造出令人印象深刻的視覺效果，它還擁有一面長達14米、內有462格的動力展示架，上面陳列了各式眼鏡，令人印象深刻。

地址：Duke Of York Square, London SW3 4LY
電話：020 7823 5577
時間：週一至週三及週五 10:00am-7:00pm，週四至 8:00pm，
　　　　週六至 6:00pm；週日 12:00nn-6:00pm
網頁：www.dukeofyorksquare.com

★ INFO

Oxford Circus | SOHO | Westminster | South-bank | Russell Square | Covent Garden & Temple | Tower Hill & Brick Lane | Knights-bridge | Hyde Park & Notting Hill | Regent's Park

倫敦 LONDON

倫敦 LONDON

欣賞「新藝術」的私人畫廊 **09** 🔍 MAP 8-1 **C4**

Saatchi Gallery

🚗 位於約克公爵廣場內

Saatchi Gallery 的創始人查理斯•沙馳（Charles Saatchi）是知名廣告公司 Saatchi & Saatchi 的創始人之一，Saatchi 對收藏與藝術品交易相當狂熱，他看好的年輕藝術家也大多在日後成名，20世紀90年代期間，Saatchi 更是造就了 Damien Hirst、Chapman 兄 弟、Sarah Lucas 與 TraceyEmin 等年輕藝術家，從而形成了一個被稱為「Young British Artists」的年輕藝術家時代，並奠定了 Saatchi 本人在英國藝術界的影響力。

> 地址：Duke Of York Square, Chelsea, London SW3 4SQ
> 電話：020-7811-3085　　時間：10:00am-6:00pm　　費用：免費
> 網頁：www.saatchi-gallery.co.uk
> ★ INFO

時尚叛逆的個性店 **10** 🔍 MAP 8-1 **B5**

Vivienne Westwood World's End

🚗 乘地鐵 Circle 或 District 線至 Sloane Square 站，出站後換乘 11、22 號巴士至 World's End 站，下車即達

在20世紀60-70年代，國皇路曾經是倫敦嬉皮士與朋克（Punk）風潮的核心地區。雖然現今國皇路已經被時尚大品牌佔據，但被譽為「西太后」的 Vivienne Westwood 開的 World's End 卻依然屹立不倒。這家先後被稱為 Letit Rock、SEX、Seditionaries 的商店雖然面積不大，但卻是世界各地 Punk 迷的朝聖聖地，在店內不僅可以買到店主設計的 Anglomania 系列服飾，門口那個飛快旋轉的大鐘也總是吸引眾多遊客的注意，鐘面上正中間的刻度是13而非12，甚為別緻。

> 地址：430 King's Road, London SW10 0LJ
> 電話：020-7352-6551
> 時間：週一至週六 10:00am-6:00pm，
> 　　　週四 10:00am-7:00pm，
> 　　　週日休息
> ★ INFO

牛津廣場｜蘇豪區｜西敏寺｜南岸｜羅素廣場｜及考文特花園聖殿區｜及倫敦塔山紅磚巷｜騎士橋｜諾丁山海德公園及｜攝政公園

英國頂級的奢華購物名店 ⑪ 🔍 MAP 8-1 C3
Harrods

🚗 乘地鐵 Piccadilly 線至 Knightsbridge 站，出站後步行
2 分鐘即達

創立於1849年的 Harrods 百貨最初是由 Henry C. Harrod 經營的一家小雜貨店，經過百餘年的發展，現今雄偉的 Harrods 擁有7個樓層的營業面積，從服飾、鋼琴、自製紀念品到水上摩托等品類繁多的頂級商品應有盡有。在 Harrods 最吸引人的，是商場的前老闆埃及富豪法耶茲之子與戴安娜王妃的紀念噴泉，兩人於1997年殞命巴黎後，法耶茲特意在這裡修建了噴泉紀念二人，這裡同時也是 Harrods 內唯一可以拍照的地方。

地址：87-135 Brompton Road, London SW1X 7XL
電話：020-7730-1234
時間：週一至週六 10:00am-9:00pm，週日 11:30am-6:00pm
網頁：www.harrods.com
⭐ INFO

名模至愛皮包 Mulberry ⑫ 🔍 MAP 8-1 C3

🚗 乘地鐵 Piccadilly 線至 Knightsbridge 站，出站後
步行 5 分鐘即達

創立於1971年的 Mulberry 是一家以製作皮帶起家，現今發展成為以經營高級皮件為主的英國品牌，其設計以優雅鄉村風格為主要特點，堅固實用，手感舒適，經常帶有異國休閒風情，其經典的 Roxanne 包和 Bayswater 包更是在2005年因名模 Kate Moss 曾經使用而引起搶購狂潮。此外，在 Mulberry 店內，除了皮件還經營男女裝，並提供室內設計等多元化服務。

地址：87-135 Brompton Road (Harrods 內)　　電話：020-7730-1234
時間：週一至週六 10:00am-9:00pm，週日 11:30am-6:00pm
網頁：www.harrods.com
⭐ INFO

23鎊食原隻龍蝦 ⑬ 🔍 MAP 8-1 C2
Burger & Lobster

🚗 乘地鐵 Piccadilly 線至 Knightsbridge 站，出站後步行
2 分鐘

與倫敦頂級扒房 Goodman 屬同一集團的 Burger & Lobster，相比起來則較為簡單。店內打正旗號售龍蝦（Lobster）、漢堡（Burger），另外，亦有龍蝦沙律包（Lobster Roll）等食物，味道好之餘非常抵食！餐廳不設訂位服務，因此店外長期都出現人龍潮，如果想吃就要趁早來排隊。

地址：5th Floor, Harvey Nichols, 109-125 Knightsbridge, London, SW1X 7RJ　　電話：020-7201-8676
時間：週一至週四 12:00nn-10:30pm，週五及週六至 11:00pm，週日 12:00nn-10:00pm　　網頁：www.burgerandlobster.com
⭐ INFO

傳統黎巴嫩餐廳 ⑭ ⊛ MAP 8-1 C2
Noura

🚇 乘地鐵 Piccadilly 線至 Knightsbridge 站，由 Sloane Street 出口出站後步行約 5 分鐘即達

於1980年在巴黎開業的 Noura 是一家傳統的黎巴嫩餐廳，曾經被《Time Out》雜誌評為「倫敦最佳素食餐廳」。Noura 餐廳內從早到晚供應各種冷熱前菜和主食，如荷蘭芹洋蔥檸檬沙拉、胡荽茄汁秋葵、蒜味煨鷹嘴豆、埃及豆濃湯、炸羊肉餅、黎巴嫩香腸、牛肉與羊肉的沙威瑪和炭烤肉串、香料沙薩等。美味的黎巴嫩料理令來這裡的客人讚不絕口，大快朵頤。

地址： 12 William Street, London SW1X 9HL
電話： 020-7235-5900　　**時間：** 8:00am-10:00pm
網頁： www.noura.co.uk ⭐ INFO

名門後人經營的餐廳 ⑮ ⊛ MAP 8-1 C2
Mr. Chow

🚇 乘地鐵 Piccadilly 線至 Knightsbridge 站，出站後步行 5 分鐘即達

由京劇大師周信芳之子 Michael Chow 經營的 Mr. Chow 餐廳，在倫敦和紐約等重要城市都開有分店。由 Michael Chow 親自設計的餐廳裝潢，帶給食客舒適的就餐享受——白淨的桌布、優質銀器和侍者等西餐要素，與中國菜在 Mr. Chow 餐廳內相互融合，是一家在倫敦上流社會中廣受好評的中餐館。

地址： 151 Knightsbridge, London SW1X 7PA m m　**電話：** 020-7589-7347
時間： 7:00pm-12:00mn
網頁： www.mrchow.com ⭐ INFO

倫敦最時尚日式餐廳 ⊛ MAP 8-1 C2
Zuma ⑯

🚇 乘地鐵 Piccadilly 線至 Knightsbridge 站，出站後步行約 5 分鐘即達

Zuma 由頂尖設計師杉本貴志設計，大量花崗石裝飾令餐廳充滿禪意，堪稱是倫敦最時髦的日式餐廳之一。除了精緻的日式料理外，Zuma 的酒單上還有超過40種酒類，其中招牌的 Zuma Bellini 混合了野草莓漿、香檳、清酒、金巴厘酒，與 Zuma 餐廳同樣完美融合了東西方的不同元素。

地址： 5 Raphael Street, Knightsbridge, London SW71DL　　**電話：** 020-7584-1010
時間： 午餐：週一至週五 12:00nn-3:00pm，週六至週日 12:00nn-3:30pm；
　　　　 晚餐：週一至週六 6:00pm-11:00pm，週日 6:00pm-10:30pm
網頁： www.zumarestaurant.com ⭐ INFO

海德公園及諾丁山
Hyde Park & Notting Hill

交通策略

Hyde Park Corner ⊖ Piccadilly line • 3分鐘 **Green Park** ⊖ Victoria line • 1分鐘 **Oxford Circus (轉車)**

Holland Park ⊖ Central line • 3分鐘 **Queensway** ⊖ Central line • 6分鐘

Ladbroke Grove ⊖ Hammersmith & City line / Circle line · 3分鐘 **Wood Lane** 步行 • 11分鐘 **White City**

Holland Park ⊖ Central line · 4分鐘

Westminster ⊖ Jubilee line • 2分鐘 **Green Park** ⊖ Piccadilly line • 2分鐘 **Hyde Park Corner**

推介景點

波特貝羅路市集
Portobello Road Market
二手古董尋寶地

肯辛頓宮 **Kensington Palace**
英國皇室居住地

海德公園 **Hyde Park**
最知名的皇家公園

The Notting Hill Bookshop
重溫經典愛情片《摘星奇緣》

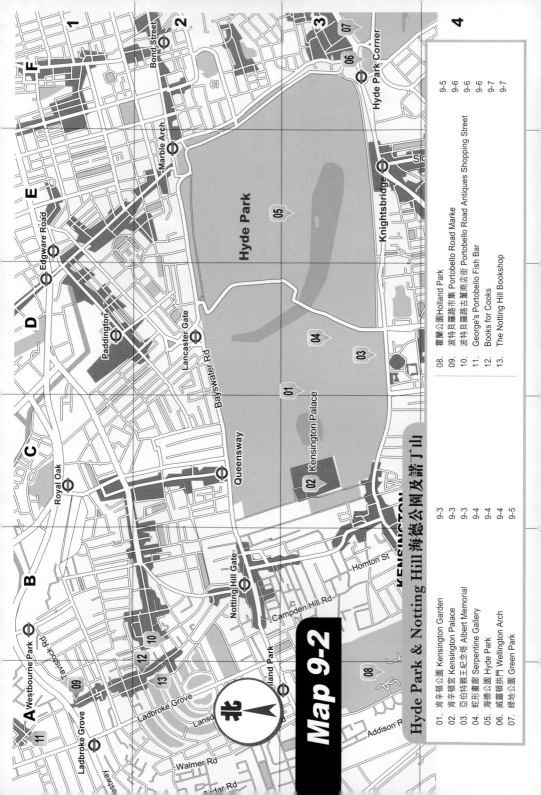

Hyde Park & Notting Hill 海德公園及諾丁山

Map 9-2

KENSINGTON

景色優美的古老園林 **01** ⭐ MAP 9-2 D3
肯辛頓公園 Kensington Garden

🚗🚌 乘地鐵 Central 線至 Queensway 站，出站即達

　　肯辛頓花園是在1841年開放的，原本是肯辛頓宮的庭園，連接海德公園的西面。位於花園的東邊，是林蔭大道及古老碎石改建的窪地公園，它是由3個花壇形成的矩形圍住中央的小池塘。花園裡的步道是由菩提樹圍成的，陽光燦爛的時候，漫步在花園裡，頓感神清氣爽。花園裡還有一個圓塘，是1728年開建的，位於肯辛頓宮的東面，經常會有很多的兒童以及船模愛好者來這裡放模型船，非常引人注目。

⭐ INFO
地址：Kensington Gore Road, London SW7
電話：020-7298-2000　　費用：免費
時間：6:00am-8:00pm(每天開放時間不同，詳情請瀏覽網頁)
網頁：https://www.royalparks.org.uk/parks/kensington-gardens

戴安娜王妃亡故前倫敦住所 **02** ⭐ MAP 9-2 C3
肯辛頓宮 Kensington Palace

　　肯辛頓宮由威廉三世與瑪麗二世在1689年時買下作為皇宮，之後一直是英國皇室的住所，從喬治三世開始才遷至白金漢豪宅。這裡亦是戴安娜王妃亡故前在倫敦的住所，一直到現在皇宮前仍有市民獻花憑弔。目前肯辛頓宮 State Apartments 部分對外開放參觀，提供語音導覽，參觀維多利亞女皇受洗的房間和1760年迄今的皇室宮廷服飾，包括瑪麗二世的結婚禮服、伊莉莎白二世女皇的家居服等，讓人大開眼界。

電話：087-0751-5170
時間：夏季週三至週日 10:00pm-6:00pm；
　　　冬季週三至週日 10:00am-4:00pm
費用：成人 20 英鎊、小童 10 英鎊（持 London Pass 可免費進入）
網頁：www.hrp.org.uk
⭐ INFO

華麗哥德式紀念塔 **03** ⭐ MAP 9-2 D3
亞伯特親王紀念塔 Albert Memorial

　　維多利亞女皇為紀念因傷寒早逝的丈夫亞伯特親王，修建了哥德式風格的紀念塔。塔四角的大理石群像代表了亞洲、非洲、歐洲與美洲大陸，基座上的裝飾刻畫了187個畫家、詩人、雕塑家、音樂家與建築師，更高一層的4個雕刻則代表了製造業、商業、工程與農業，頂端則裝飾有鍍金的天使銅像，讚頌了維多利亞時代大英帝國的成就，也記述了亞伯特親王生前的個人興趣與愛好。

時間：10:00am-6:00pm
⭐ INFO

Oxford Circus
SOHO
Westminster
South-bank
Russell Square
Covent Gar-den & Temple
Tower Hill & Brick Lane
Knights-bridge
Hyde Park & Notting Hill
Regent's Park

牛津廣場

蘇豪區

西敏寺

南岸

羅素廣場

及考文殿特花園

及倫敦磚塔山

騎士橋

及海德公園諾丁山

攝政公園

欣賞知名藝術家的作品　04　MAP 9-2 D3
蛇形畫廊 Serpentine Gallery

蛇形畫廊成立於1970年，全名為現代與當代藝術特展場，因毗鄰附近的蛇形湖而得名。從2000年開始，每年夏天，蛇形畫廊都會委託Zaha Hadid、伊東豐雄、Rem Koolhaas 等世界級的建築師在草坪上修建一座暫時性的涼亭，在畫廊內展出過亨‧摩爾、安迪‧沃霍爾、Man Ray 以及當代藝術家 Damien Hirst、Matthew Barney 等人的作品。

電話：020-7402-6075
時間：週二至日 10:00am-6:00pm，週一休息
費用：免費
網頁：www.serpentinegallery.org
★ INFO

倫敦城裡一片奢侈的綠地　05　MAP 9-2 E3
海德公園 Hyde Park

🚗 乘地鐵 Piccadilly 線至 Hyde Park Corner 站，出站即達

海德公園是倫敦最大的皇家公園，亦曾經是英國國皇的鹿場及賽車、賽馬的場所，園內有著名的皇家驛道，兩旁巨木參天，像是一條綠色的「隧道」。公園近 Marble Arch 的一角稱為「講演者之角 (Speakers' Corner)」，常有演講者在此發表各種政見，內容五花八門。另外，每年夏天，這裡會舉行「無座音樂會」，場地裡沒有座位，聽眾們可以一邊散步一邊聆聽樂隊的演奏，享受音樂與自然的結合。

地址：Hyde Park,London W22　**費用：**免費
時間：5:00am-12:00mn　**電話：**030-0061-2000
網頁：www.royalparks.org.uk/parks/hyde-park
★ INFO

紀念威靈頓公爵對拿破崙戰爭勝利　06　MAP 9-2 F3
威靈頓拱門 Wellington Arch

🚗 乘地鐵 Piccadilly 線至 Hyde Park Corner 站，由 1 號出口出站後即達

由喬治四世國皇於1825年規劃建造的威靈頓拱門由 Decimus Burton 設計，原名憲章拱門，與海德公園東北角的大理石拱門，同為紀念威靈頓公爵在滑鐵盧戰役對拿破崙勝利而建。在拱門頂端安置有全歐洲最大的銅像，包括和平天使、戰車和4匹充滿動態的奔馬造型。在威靈頓拱門內有三層樓的展示區域可以讓遊客了解拱門的歷史，遊客也可搭乘電梯到拱門上的陽台俯瞰整個皇家公園和國會大廈。

地址：Hyde Park Corner, London W1J 7JZ　**電話：**020-7334-3922　**時間：**冬季 10:00am-4:00pm，夏季延至 5:00pm
費用：成人 6 英鎊，長者 5.3 英鎊，5-17 歲小童 3.6 英鎊（持 London Pass 可免費進入）
★ INFO

舒適愜意的休閒空間 **07** MAP 9-2 **F3**
綠地公園 Green Park

乘地鐵 Piccadilly 線至 Green Park 站，出站即達

　　作為皇家公園中最接近市區的園區，綠地公園在16世紀時，還曾是貴族狩獵的獵場，18世紀開始修建的圖書館和池塘現今早已不見蹤跡，只能在眾多歷史文獻中一窺其貌。從1826年起對公眾開放的綠地公園，雖然沒有一般公園中常見的花園和水池等人造建築，但綿延茂密的草坪和樹林，卻吸引了眾多倫敦市民在這裡享受大自然帶給他們的舒適愜意。

地址：Green Park, London W1J 9DZ
電話：030-0061-2350
時間：5:00am-12:00mn
費用：免費
網頁：www.royalparks.org.uk/parks/green-park

★ **INFO**

倫敦最浪漫的公園之一 **08** MAP 9-2 **A3**
霍蘭公園 Holland Park

乘地鐵 Central 線至 Holland Park 站，出站後沿 Holland Park Avenue 向東步行約 3 分鐘即達

　　於1952年對公眾開放的霍蘭公園面積不算大，但以其豐富的生態環境、優雅寧靜的步道，被讚譽為倫敦最浪漫的公園之一。園內除了茂密的林地和隱匿其間的松鼠、兔子和孔雀，遊客還可看到1991年公園舉辦日本節時興建的京都庭園。園內的霍蘭城堡曾是文人墨客往來頻繁的地方，不少大文豪及詩人的身影都可以在這裡看到，可惜現今殘存的部分已經成為露天劇院的背景。

★ **INFO**

地址：Holland Park, Ilchester Place, London W8 6LU
電話：020-7471-9813　　**時間**：7:30am 至日落　　**費用**：免費

Oxford Circus
SOHO
Westminster
South-bank
Russell Square
Covent Garden & Temple
Tower Hill & Brick Lane
Knights-bridge
Hyde Park & Notting Hill
Regent's Park

倫敦 LONDON

熱鬧的二手復古市集 09 ⊕ MAP 9-2 A1
波特貝羅路市集 Portobello Road Market

🚌 乘地鐵 Circle 或 Hammersmith & City 線至 Ladbroke Grove 站，出站後步行 10 分鐘即達

★★★

　　每到週六，波特貝羅路都會人潮洶湧。這裡擁有數個相連的市集：最南端的古董商店街尤其出名，沿街的商家將房子塗成五顏六色的鮮豔色彩，甚為引人注目；北端的蔬果食物市場則供應各種新鮮農產品、乳酪和街頭小吃；最北段則是成衣與服飾市場，各種價廉物美的流行服飾攤位和馬路兩側的連鎖店；而鐵路高架橋與 Cambridge Gardens 之間還有波特貝羅路商場和二手服飾市場，是一處繁華熱鬧的市場。

地址：Southern Portobello Road, Portobello Road, Kensington Park Road 及 Golborne Road 等
時間：週一至週六 8:00am-7:00pm，週日休息
電話：020-7727-7684　　　**網頁**：www.portobelloroad.co.uk

★ INFO

側欄文字：牛津廣場 蘇豪區 西敏寺 南岸 羅素廣場 及考文特殿花園 及倫敦紅磚塔山巷 騎士橋 及海德諾丁公山園 攝政公園

顏色鮮豔古董市場 10 ⊕ MAP 9-2 B2
波特貝羅路古董商店街 Portobello Road Antiques Shopping Street

🚌 乘地鐵 Circlel 或 Hammersmith & City 線至 Ladbroke Grove 站，出站後步行 10 分鐘即達

　　位於波特貝羅路最南端的古董商店街上，林立著眾多將房子塗成各種鮮豔色彩的古董商店。在這裡可以尋覓到維多利亞時代的襯裙、皮草、玩具、首飾、鐘錶、香水、油畫、錢幣、花瓶、傢俱和燈飾等品類繁多的古董。倫敦當地的古董公會規定古董商不可隨意為商品開價，不過這些商舖內的商品全都有詳盡的製造年代、材質、製造者的說明，並標注了修補的地方，優良的信譽令購物倍添信心。

地址：Antique Dealers Association, 223a Portobello Road, London W11 1LU
電話：020-7229-8354　　　**時間**：Market：週六 5:30am-5:00pm；
　　　　　　　　　　　　　　　　　　　　商店：週一至週六 10:00am-5:00pm

★ INFO

倫敦西區最正炸魚薯條 11 ⊕ MAP 9-2 A1
George's Portobello Fish Bar

🚌 乘地鐵 Circle 或 Hammersmith & City 線至 Ladbroke Grove 站，出站後步行 10 分鐘即達

　　開業於1961年的 George's Portobello Fish Bar 是倫敦西區公認最棒的炸魚薯條店，想感受正統英國街頭小吃的遊客，可以來到這裡品嘗裹著金黃酥脆面衣、肉質鮮嫩的炸魚，以及不油不膩的厚切薯條，並可以選擇搭配豌豆泥、咖喱醬和肉汁。此外，這裡還提供炸雞、烤肋條、羊肉沙威瑪、烤肉串、烤薯仔、素食漢堡等美味。

地址：329 Portobello Road, London W10 5SA　　　**電話**：020-8969-7895
時間：週一至週五 11:00am-9:30pm，週六至 9:00pm，週日休息

★ INFO

烹飪書專賣店 **12** ⭐ MAP 9-2 A2

Books for Cooks

🚗 乘地鐵 Circle 或 Hammersmith & City 線至 Ladbroke Grove 站，出站後步行 10 分鐘即達

　　創立於1983年的 Books for Cooks 是由一名叫做 Heidi Lascelles 的護士開辦。由於 Heidi Lascelles 感到英國菜非常枯燥乏味，因而她搜羅全世界各地的烹飪食譜，並在書店內設立了一處實驗廚房，利用附近市場採購到的新鮮食材製作出各種美食供應給客戶。1994年開始書店內還推出固定的烹飪教室，並提供各種烹飪食譜的代找服務，堪稱是諾丁山地區的美食基地。

地址：4 Blenheim Crescent，London W11 1NN
電話：020-7221-1992
時間：週二至週六 10:00am-6:00pm，週日、週一、法定假日和 8 月的最後三周和聖誕後十天休息
網頁：www.booksforcooks.com ⭐ INFO

《摘星奇緣》電影取材地 **13** ⭐ MAP 9-2 A2

The Notting Hill Bookshop

🚗 乘地鐵 Circle 或 Hammersmith & City 線至 Ladbroke Grove 站，出站後步行 10 分鐘即達

　　前身名為 Travel Bookshop，是一家開業於1979年的專業旅遊書店，專售旅遊指南、遊記、攝影集及地圖，在電影《摘星奇緣》中，曉格蘭特扮演的男主角經營的書店就是靈感取材自這間書店。可惜到了後來書店由另一間公司接手，除了售賣旅遊書外，也有其他類別的書，而且把深入民心的店名改了為 The Notting Hill Bookshop，但仍然經常可以看到慕名而來的影迷於此拍照留念。

地址：13-15 Blenheim Crescent, Notting Hill, London W11 2EE　　電話：020-7229-5260
時間：9:00am-7:00pm　　網頁：www.thenottinghillbookshop.co.uk ⭐ INFO

充滿異國風情的愛情聖地

　　經典電影——《摘星奇緣 (Notting Hill)》令世人記住了這個倫敦西郊的浪漫聖地，不同於古典風情濃郁的倫敦市區，反而多了一分異國風情。自1965年開始的每年8月，諾丁山都會舉辦的 Notting Hill Carnival，以加勒比地區文化為特點，是歐洲大規模的街頭狂歡嘉年華，每年多達百幾萬人參加。

攝政公園
Regent's Park

交通策略

Regent's Park	⊖ Bakerloo line · 1分鐘	**Baker Street**	⊖ Jubilee line · 2分鐘	**St. John Wood**	
Paddington Station	⊖ Bakerloo line · 3分鐘	**Baker Street**	⊖ Hammersmith & City line / Metropolitan line / Circle line · 6分鐘		
⊖ Northern line · 1分鐘	**Mornington Crescent**	⊖ Northern line · 5分鐘	**King's Cross / St. Pancras (轉車)**		
Camden Town					
Oxford Circus	⊖ Victoria line · 3分鐘	**Euston (轉車)**	⊖ Northern line · 3分鐘	**Mornington Crescent**	
		Camden Town	⊖ Northern line · 1分鐘		

推介景點

攝政公園
Regent's Park
賞花休閒勝地

卡姆登水閘市集
Camden Lock Market
潮流手工藝跳蚤市場

九又四分之三月台專賣店
《哈利波特》魔法世界

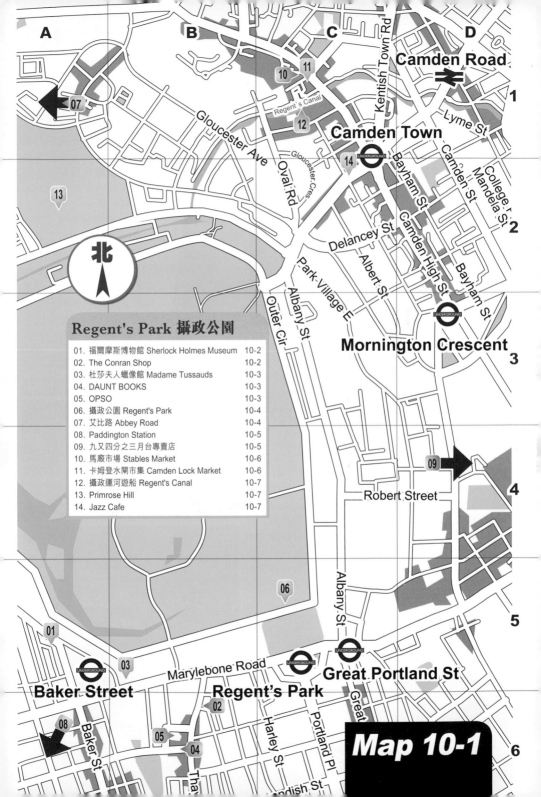

A B C D

07

Camden Road

1

Gloucester Ave

Oval Rd

Regent's Canal

10
11
12

Camden Town

Lyme St

Kentish Town Rd

Bayham St

College St
Mandela St
Camden St

14 UNDERGROUND

13

北

Gloucester Cres

Delancey St

Camden High St

Bayham St

2

Albert St

Park Village E

Albany St

Park Village E

Outer Cir

UNDERGROUND

Mornington Crescent

3

Regent's Park 攝政公園

09

Robert Street

4

06

5

01

03

UNDERGROUND

Marylebone Road

Albany St

Great Portland St

Great

Baker Street

Regent's Park

08

02

Baker St

05

04

Harley St

Portland Pl

Portland St

Tha

endish St

Map 10-1

6

倫敦 LONDON

世界聞名的名偵探「住所」 **01** ★ MAP 10-1 **A5**
福爾摩斯博物館 Sherlock Holmes Museum

🚇 乘地鐵 Bakerloo、Circle、Hammersmith & City、Jubilee 或 Metropolitan 線至 Baker Street 站,出站後步行 5 分鐘即達

牛津廣場 蘇豪區 西敏寺 南岸 羅素廣場 及考文殿特區花園 及倫敦紅磚塔巷山 騎士橋 及海德諾丁公園山 攝政公園

位於貝克街上的福爾摩斯博物館,綠色門面和招牌已甚為顯眼,博物館內的設計更要與小說所描述的十分吻合。從底層至一樓的17級樓梯數目、福爾摩斯與華生醫生合用的書房中燒得正旺的壁爐、兩人相對而坐的沙發、華生醫生書桌前的椅子上放滿醫療用品的皮包;以及小說中讓人難忘的福爾摩斯「化學實驗室」等,都讓參觀的人仿如置身小說場景中。

博物館對面有間福爾摩斯紀念品店,店員全都作有關造型打扮。轉一個街口的行人路上,更聳立了一座福爾摩斯銅像,令貝克街充滿濃厚的偵探氣氛。

地址:221B Baker Street, London NW1 6XE　**電話**:020-7224-3688　**營業時間**:9:30am-6:00pm
費用:成人 15 英鎊,16 歲以下 10 英鎊　**網頁**:www.sherlock-holmes.co.uk　★ INFO

時尚的購物廣場 **02** ★ MAP 10-1 **B6**
The Conran Shop

🚇 乘地鐵 Bakerloo、Circle、Hammersmith & City、Jubilee 或 Metropolitan 線至 Baker Street 站,出站後步行約 10 分鐘即達

於1990年由 Terence Conran 爵士創立的 The Conran Shop 在歐洲、美國、日本都開設有分店,位於 Marylebone High Street 的這間分店樓下開設有經營當代設計傢俱、家居飾品、食譜與園藝設備等的傢俱館,每年聖誕節前顧客們都會在門前大排長龍。此外,店內有一間名為 Orrery 的餐廳,這間可供人在品嘗美食之餘欣賞對面教堂花園美景的餐廳,也因為被米芝蓮評為一星餐廳而吸引了眾多食客老饕的光顧。

地址:55 Marylebone High Street, London W1U 5HS
電話:020-7723-2223
時間:週一至週五 10:00am-6:00pm,週六至 7:00pm,
　　　週日 12:00nn-6:00pm
網頁:www.conranshop.co.uk　★ INFO

全世界水準最高的蠟像館

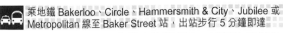

杜莎夫人蠟像館 Madame Tussauds

🚃 乘地鐵 Bakerloo、Circle、Hammersmith & City、Jubilee 或 Metropolitan 線至 Baker Street 站，出站步行 5 分鐘即達

　　杜莎夫人是法國一位傑出的藝術家，以製作蠟像而聞名。1835年她74歲高齡時，在倫敦建立了第一間蠟像館，館內可看到各界名人的蠟像，及蠟像製作的過程影片等。蠟像館的最大特色是精心營造出的各種情境，其中以恐怖屋最為出名，在陰森的地牢中展示倫敦知名的罪案，如開膛手傑克。而 The Spirit of London，用樂園電動車的方式介紹倫敦400年來的歷史，呈現「倫敦精神」。

> 地址：Marylebone Road, London NW1 5LR　　電話：0871-894-3000
> 時間：非繁忙日子 9:30am-5:30pm；每日有不同的開放時間 (詳情請瀏覽網頁)
> 費用：成人 37 英鎊，學生 16 英鎊 (參觀前預早於網上訂票可享優惠)
> 網頁：www.madametussauds.com/london
> ⭐INFO

貝克街上最美書店　04 ⭐ MAP 10-1 B6

DAUNT BOOKS

🚃 乘地鐵 Bakerloo、Circle、Hammersmith & City、Jubilee 或 Metropolitan 線至 Baker Street 站，出站後步行約 10 分鐘即達

　　於1990年成立的 DAUNT BOOKS，於倫敦共有六間分店，但這間卻是最美及最早成立的一間。書店初開時以出售旅遊書著名，現在則變得較多元化，各類書籍也有出售。另外，這裡的布袋也是熱賣品，袋上的圖案印有書店裡最美的部分，有多種顏色選擇，每個10英鎊，是買書外的另一選擇。

> 地址：84 Marylebone High St, Marylebone, London W1U 4QW　　電話：020-7224-2295
> 時間：週一至週六 9:00am-7:30pm，週日 11:00am-6:00pm　　網頁：https://www.dauntbooks.co.uk
> ⭐INFO

麾登希臘菜　05 ⭐ MAP 10-1 B6

OPSO

🚃 乘地鐵 Bakerloo、Circle、Hammersmith & City、Jubilee 或 Metropolitan 線至 Baker Street 站，出站後步行約 10 分鐘即達

　　OPSO 是一個古希臘詞，意指美味可口的美食。餐廳內大部分食材都是從希臘直接採購，以高質的材料製作現代希臘菜。這裡的招牌菜是雞及雞蛋菜式，原因是這裡的雞是由自家放養，可伴以新鮮出爐的美味麵包和糕點同吃。餐廳環境設計明亮富現代感，伴隨着希臘人的熱情好客性格，令人可於輕鬆愉快環境下進餐。建議餐後品嚐一杯從希臘進口的酒類，如 Mastiha 和 Tsipouro，體驗一下地中海風情。

> 地址：86 Marylebone High Street, London W1U 4QS　　電話：020-7935-2077　　網頁：www.skandium.com　　⭐INFO
> 時間：週一至週四 12:00nn-11:00pm，週五至 11:30pm；週六 10:00am-11:30pm，週日至 10:30pm

倫敦 LONDON
★★★
Oxford Circus
SOHO
Westminster
South-bank
Russell Square
Covent Garden & Temple
Tower Hill & Brick Lane
Knights-bridge
Hyde Park & Notting Hill
Regent's Park

19世紀風格大花園
攝政公園 Regent's Park

06 ⭐ MAP 10-1 C5

🚇 乘地鐵 Bakerloo 線至 Regent's Park 站，出站即達

牛津廣場
蘇豪區
西敏寺
南岸
羅素廣場
及考文殿特區花園
及倫敦紅磚塔山巷
騎士橋
及海諾德公園丁山
攝政公園

攝政公園是一座19世紀風格的大花園，也是倫敦最新、最堂皇的公園，原先的構想是要建立一座供攝政王消閒娛樂的行宮，但最後受限於經費只蓋了8棟別墅，到1838年更對外開放。位於攝政公園北邊的倫敦動物園飼養了各種動物，每次都會用告示牌來宣布新生命的到來。夏天的時候還可以把這裡當成是露天劇場，以天然的林木為背景欣賞莎翁名劇，令觀眾別有一番滋味。

地址：Chester Road, London NW14NR　　　　　電話：030-0061-2300
時間：攝政公園：5:00am至日落；倫敦動物園：3月至10月 10:00am-3:00pm，11月至次年2月 10:00am-4:00pm
費用：攝政公園免費；倫敦動物園：成人 33 英鎊，長者 29.7 英鎊，3 至 15 歲的青少年 21.45 英鎊（門票分 Winter Season, Mid Season 及 Peak Season，收費略有分別，網上購票可享優惠）
網頁：www.royalparks.org.uk/parks/the-regents-park

★ INFO

披頭四粉絲留影地
艾比路 Abbey Road

07 ⭐ MAP 10-1 A1

🚇 乘地鐵 Jubilee 線至 St. John Wood 站，出站後沿 Grove End Road 轉入交叉路口即達

《Abbey Road》是披頭四在解散前最後錄製的專輯，即使你沒聽過，也一定會看過這張被認為是全球最有影響力之一的照片。專輯封面上四位成員從錄音室離開，在艾比路上跨步踏在斑馬線上的畫面深深刻在樂迷的腦海，在2010年艾比路更被英國政府列為二級保護景點，因此這裡每天都會吸引大量遊客擺出指定動作留影，而馬路上的車子都會非常禮讓，讓各位樂迷完成心願。

地址：Abbey Road, London NW6 4DN
時間：24 小時　　費用：免費
網頁：www.abbeyroad.com

★ INFO

殿堂級錄音工作室

不少知名歌手如 Beatles、Pink Floyd、Amy Winehouse 等都曾在 Abbey Road Studio 灌錄過唱片，可惜這個工作室不對外開放。但樂迷們不用失望，因為它們網頁上仔細介紹了各個工作室的設備，亦可玩一些混音小遊戲，最特別的地方是 Crossing Cam 視像攝影機，全天侯拍攝 Abbey Road 實況。假如到達現場，不妨跟親友網上打個招呼！

柏靈頓火車站
Paddington Station

🚗 乘地鐵 Bakerloo 線、Circle 線、District 線或 Hammersmith & City 線至 Paddington Station 站，出站即達

　　近年被電影帶紅的英國火車站，除了因《哈利波特》而大受歡迎的國王十字車站外，也包括柏靈頓火車站 (Paddington Station)。自2014年柏靈頓熊的大電影全球賣座，同時亦招徠一大群 Bear Bear 熊迷前來朝聖。其實車站內的「熊蹤」不多，唯一影相位就是大堂內的雕塑。不過車站內卻設有柏靈頓熊紀念品專賣店，大量精品可供 FANS 們盡情搜購。

> **地址**：Paddington Station, London W2 1RH
> **時間**：週一至週五 8:00am-9:00pm，週六 9:00am-9:00pm，週日至 7:00pm
> **電話**：020-7402-5209
> **網頁**：www.thisispaddington.com/article/paddington-bear-shop
> ⭐ INFO

《哈利波特》魔法世界入口
九又四分之三月台專賣店

🚗 國王十字火車站 (King Cross Station) 內

　　《哈利波特》系列電影雖然已曲終人散，但 FANS 的熱情卻久未減退。《哈利波特》其中的重要場景——九又四分之三月台，更再度現身於國王十字車站 (King Cross Station) 之內。粉絲們可以各出奇謀，扮鬼扮馬，趕搭霍格華茲特快列車。意猶未盡的話，更可以參觀站內的專賣店，選購一系列《哈利波特》的紀念品。

PLATFORM 9¾

> **地址**：Kings Cross Station, London
> **電話**：20-7803 0500
> **時間**：週一至週六 8:00am-8:00pm，
> 　　　　週日 9:00am-8:00pm
> **網頁**：www.harrypotterplatform934.com
> ⭐ INFO

倫敦 LONDON

超大規模的綜合市場
馬廄市場 Stables Market

10 🔍 ⭐ MAP 10-1 C1

🚇 乘地鐵 Northern 線至 Camden Town 站，出站後步行約 10 分鐘即達

牛津廣場

蘇豪區

西敏寺

南岸

羅素廣場

及考文特花園聖殿區

及倫敦紅磚巷塔山

騎士橋

及海德諾丁公園山

攝政公園

　　擁有數百個攤位的馬廄市場是卡姆登市集中規模最大的一個市場，其前身是維多利亞時代火車公司的馬廄，因而得名馬廄市場。現今鐵路旁還修建了一座現代化的綜合商場，每年都吸引了數千萬遊客慕名而來。馬廄市場的一大特色就是在市場兩側的商家大多棲身於磚砌拱洞與改造倉庫中，可以買到各種古董、非洲工藝品、二手服飾、傢俱、家居飾品、玩具和唱片等，周圍還有眾多異國風味的美食餐館。

地址：Chalk Farm Road, London NW1 8AH　　電話：020-7485-5511　　網頁：www.camdenmarket.com
時間：10:30am-6:00pm（部分商店營業時間或有不同）
⭐ INFO

創意商品河畔市集
卡姆登水閘市集 Camden Lock Market

11 🔍 ⭐ MAP 10-1 C1

🚇 乘地鐵 Northern 線至 Camden Town 站，出站後步行約 5 分鐘即達

　　成立於20世紀80年代初期的卡姆登水閘市集，是卡姆登地區最早成立的市集，分為室內和室外兩部分，以手工藝品和眾多年輕人的創意商品而聞名。遊客在卡姆登水閘市集內可以尋覓到蠟燭、飾品、布偶、非洲和東南亞的手工藝品、家居飾品等。每到週末時運河河畔的露天攤位，還會有散發出誘人香味的各國風味美食，吸引了遊客光顧。

地址：54-56 Camden Lock Pl, Camden, London NW1 8AF
電話：020-7284-2084
時間：10:00am-6:00pm(部分商店營業時間或有不同)
網頁：www.camdenmarkets.org
⭐ INFO

欣賞攝政時代的優雅建築
攝政運河遊船 Regent's Canal

⓬ 🔍 ⭐ MAP 10-1 C1

 乘地鐵 Northern 線至 Camden Town 站,出站後步行約 5 分鐘即達

遊客來到卡姆登水閘,在參觀之餘可以乘坐傳統窄長小艇遊覽攝政運河。值得一提的是其中3艘船還經過了歷史老船認證,充滿了歷史古韻。在小威尼斯與卡姆登水閘市集之間行駛的遊船,沿途會經過倫敦動物園和攝政公園,此外還有大量建於攝政時代的優雅古舊建築可以欣賞。

航程	單程
Camden Lock 往 Little Venice	成14英鎊,小童10英鎊,學生及長者11英鎊

*小童3-15歲;長者65歲以上

地址:London Waterbus Company Ltd, 8 Camden Lock Place, Chalk Farm Road, London NW1 8AF
電話:020-7482-2660　網頁:www.londonwaterbus.com
⭐ INFO

飽覽倫敦天際線
櫻早花山 Primrose Hill

⓭ 🔍 ⭐ MAP 10-1 A2

乘地鐵 Northern 線至 Camden Town 站,出站後步行約 15 分鐘,或從攝政公園步行前往

櫻早花山是攝政公園後方一個200多呎高的小山丘,雖然不算很高,但卻可以俯瞰遠方的 London Eye、大火紀念柱、摩天大樓 The Shard、The Gherkin 等,列出一條倫敦的天際線。雖然距離市中心不遠,但卻是一片寧靜,不少人喜歡到此野餐。這個地段同時是星級住宅區,Jamie Oliver、Daniel Craig、Agyness Deyn 等都是區內業主,足以証明櫻早花山的魅力。

地址:Primrose Hill Road London NW1
時間:5:00am 至日落　費用:免費
網頁:www.royalparks.org.uk/parks/the-regents-park
⭐ INFO

爵士樂迷聚腳地
Jazz Cafe

⓮ 🔍 ⭐ MAP 10-1 C2

乘地鐵 Northern 線至 Camden Town 站,出站後步行約 1 分鐘即達

倫敦的爵士樂在不斷發展,無論你是新派爵士樂愛好者或是長期捧場客,位於倫敦的這家爵士樂餐廳應該會啱你口味。精選爵士樂場地,讓你可邊食邊聽,每晚會邀請不同音樂人前來表演,有 Jazz、Hip Hop、Latin、Funk and Soul 及電子音樂等,可先於網上瀏覽心水選擇後預先購票,20英鎊即可感受現場演奏及跳舞氣氛,親身體驗倫敦人熱愛音樂的狂野一面。

地址:5 Parkway, Camden, London NW1 7PG
時間:Live shows 7:00pm-10:30pm,Club nights 10:30pm-3:00am
電話:020-7485-6834
網頁:https://thejazzcafelondon.com
⭐ INFO

Oxford Circus
SOHO
Westminster
South-bank
Russell Square
Covent Garden & Temple
Tower Hill & Brick Lane
Knights-bridge
Hyde Park & Notting Hill

Regent's Park

倫敦東南區
South East London

交通策略

Westminster ⊖ Jubilee line • 11分鐘 **Canary Wharf** 步行 · 10分鐘 **Heron Quays** ⊖ DLR • 7分鐘

Cutty Sark (for Maritime Greenwich)

Canary Wharf ⊖ Jubilee line • 2分鐘 **North Greenwich (for The O2)**

Oxford Circus ⊖ Central line • 8分鐘 **Bank (轉車)** ⊖ DLR • 20分鐘

Cutty Sark (for Maritime Greenwich)

Oxford Circus ⊖ Victoria line • 8分鐘 **Highbury & Islington (轉車)** ⊖ Overground • 6分鐘

Hackney Central

Cutty Sark (for Maritime Greenwich) ⊖ DLR • 9分鐘 **Canary Wharf (轉車)** ⊖ DLR • 13分鐘

Hackney Central ⊖ Overground • 8分鐘 **Stratford (轉車)**

推介景點

 泰晤士河
River Thames
英國的母親河

 格林威治天文台舊址
Greenwich Observatory
0° 經 線 位 置

 格林威治市集
Greenwich Market
人 氣 食 買 週 末 好 去 處

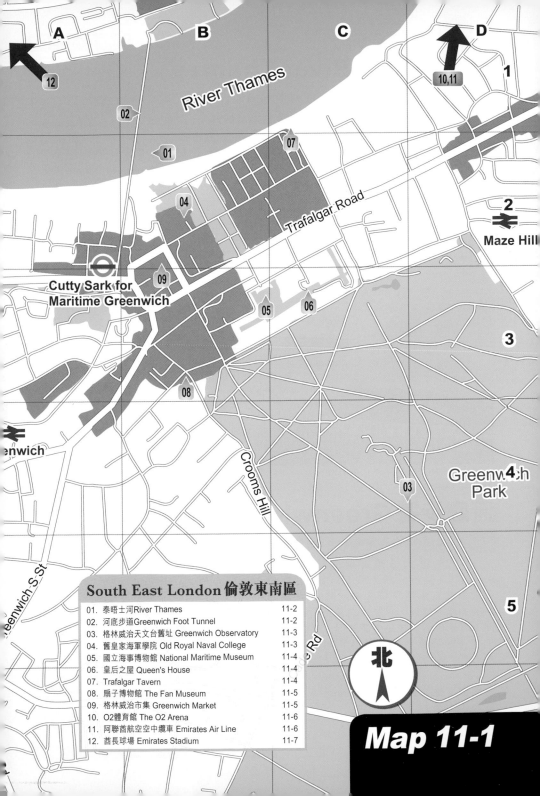

A B C D

1

River Thames

12

02

01

07

04

2

Trafalgar Road

Maze Hill

Cutty Sark for
Maritime Greenwich

09

05   06

3

10,11

enwich

08

Greenwich
Park

4

03

Crooms Hill

5

北

Map 11-1

英國最長河流
泰晤士河 River Thames

★★★

🚗🚗 乘輕鐵 DLR 至 Cutty Sark 站，出站後步行約 5 分鐘即達 Greenwich Pier，可乘船遊覽泰晤士河

　　從西部流入倫敦市區的泰晤士河是英國最長的河流，沿河林立著歷史悠久的古老建築，流經27座橋樑，其中滑鐵盧橋 (Waterloo Bridge) 和西敏寺橋 (Westminster Bridge) 最為壯觀，因此，從古至今都是歷代詩人吟詠歌頌的對象。倫敦有多間經營泰晤士河觀光船的公司，收費及服務略有不同，遊客可選擇在 Westminster、London Eye、Tower Pier 及 Greenwich 四個主要的碼頭上船或下船。

地址：Thames Cruises, London
費用：成人由 12.25 英鎊 (單程) 至
　　　15.25 英鎊 (來回) 不等，視
　　　乎起點及目的地 (持 London
　　　Pass 可免費乘搭)
網頁：www.citycruises.com

⭐ INFO

穿越泰晤士河的通道
河底步道 Greenwich Foot Tunnel

🚗🚗 乘輕鐵 DLR 至 Cutty Sark 站，出站後步行約 5 分鐘即達

　　1902 年正式啟用的河底步道由 Alexander Binnie 爵士設計，最初曾是為方便在泰晤士河北岸船務工作工人的通勤而修建。在第二次世界大戰期間，河底步道被德軍空軍炸毀，重建後的河底步道位於泰晤士河下方15米深處，全長大約370米，遊客可於南邊 Old Royal Naval College 附近之入口，穿過河底步道往北邊之 Island Gardens，並欣賞水底的迷人風光。

地址：Cutty Sark Gardens, London SE10 9HT
電話：020-8854-8888
時間：全年開放　費用：免費

⭐ INFO

本初子午線0°所在地
格林威治天文台舊址
Greenwich Observatory

03 MAP 11-1 C4

乘輕鐵 DLR 至 Cutty Sark 站，出站後步行約 15 分鐘即達

★★★

　　英國國皇查理二世於1675年創建了格林威治天文台，1884年格林威治被設定為本初子午線0°所在地，此後各國出版的地圖以這條線作為地理經度的起點，以格林威治天文台作為「世界時區」的起點。1948年天文台遷移，舊址則被闢為國家海事博物館，但館內仍陳列著早期使用的天文儀器、天文望遠鏡、地球儀、渾天儀等展品，子午館裡鑲嵌在地面上的銅線——0°經線，吸引著世界各地的參觀者。

地址：Blackheath Ave, Greenwich, London SE10 8XJ　　**電話**：020-8312-6565　　**時間**：10:00am-5:00pm
費用：Astronomy Centre 免費入場，Royal Observatory、Astronomer Royal's house 及本初子午線套票成人 16 英鎊，
　　　小童 8 英鎊，5 歲以下免費；另加 Planetarium Show 套票：成人 10 英鎊，小童 5 英鎊，4 歲以下免費
　　（網上訂票可享優惠）　　　　　**網頁**：www.rmg.co.uk ★INFO

15世紀的英國宮殿
舊皇家海軍學院
Old Royal Naval College

04 MAP 11-1 B2

乘輕鐵 DLR 至 Cutty Sark 站，出站
後步行約 10 分鐘即達

　　舊皇家海軍學院的前身是始建於15世紀的英國宮殿，歷史上的英國國皇亨利八世與伊莉莎伯一世都誕生於此，1869年皇家海軍學院遷入，直到1998年英國三軍學校合一遷出。舊皇家海軍學院現由格林威治大學與音樂學院租用，遊客在對稱設計的學院內，可以欣賞南邊的威廉國王區與瑪麗皇后區的圓頂建築，以及內部的壁畫大廳和禮拜堂，其中壁畫大廳曾作為海軍食堂。

地址：King William Walk,London,SE109NN
電話：020-8269-4747　　**時間**：10:00am-5:00pm
費用：成人 13.5 英鎊，學生 8.5 英鎊，16 歲以下免費 (網上訂票可
　　　享優惠)
網頁：www.oldroyalnavalcollege.org ★INFO

全世界規模最大海事博物館
國立海事博物館 National Maritime Museum

05 MAP 11-1 B3

乘輕鐵 DLR 至 Cutty Sark 站，出站後步行約 10 分鐘即達

於1937年對外開放的國立海事博物館，是現今世界上最大規模的海事博物館，館內陳列以主題區分，共有20個大小不一的展示廳分布在三層樓的區域內，各種導航儀器、時鐘、地圖、航海圖、船隻模型、武器模型、勳章以及制服等超過200萬件藏品分布其中。此外，博物館還有介紹歷史上知名探險家、海軍將領和海外貿易的相關歷史，宛如學習了一遍大不列顛航海史。

獨臂獨眼的尼爾森將軍中彈身亡時候身穿的藍色制服。

地址：Romney Road, London SE10 9NF
電話：020-8858-4422
時間：10:00am-5:00pm
費用：免費
★ INFO

鬧鬼皇后屋
皇后之屋 Queen's House

06 MAP 11-1 C3

乘輕鐵 DLR 至 Cutty Sark 站，出站後步行約 10 分鐘即達

皇后之屋建於1635年，這座由 Inigo Jones 設計的建築是典型的文藝復興建築風格，由於多年來一直有人堅持在這裡看到鬼魂，甚至還有房間因鬧鬼的傳說而停止使用。拋開虛無縹緲的鬼魂故事，在皇后之屋內收藏了大量以航海冒險為主題的風景畫，以及大量的都鐸皇朝時期的肖像畫，配合上建築內部採用黑白地板的高挑大廳和有名的鬱金香譜迴旋梯，充滿了高貴典雅的藝術品味，令人讚歎不已。

地址：Romney Road, London SE10 9NF　電話：020-8858-4422　時間：10:00am-5:00pm　費用：免費　★ INFO

復古風情的河畔美味
Trafalgar Tavern

07 MAP 11-1 C1

乘輕鐵 DLR 至 Cutty Sark 站，出站後步行約 10 分鐘即達

開業於1837年的 Trafalgar Tavern 毗鄰泰晤士河畔，19世紀時 TrafalgarTavern 以河中現抓的炸小鯡魚曾在倫敦十分流行，小說家狄更斯、薩克雷等文人和政治人物都曾是這裡的常客。店內裝飾了老照片和畫作，食客可以在臨窗的座位欣賞河畔的風景。

地址：Park Row, Greenwich, London SE10 9NW　電話：020-3887-9886
時間：週日至週四 11:00am-11:00pm，週五及週六至 1:00am
消費：15-25 英鎊　網頁：www.trafalgartavern.co.uk
★ INFO

全世界第一座扇子主題的博物館 🔍 ⚐MAP 11-1 B3

扇子博物館 The Fan Museum ⑧

🚗 乘輕鐵 DLR 至 Cutty Sark 站，出站後步行約 10 分鐘即達

★★★

South-East

NorthWest

Oxford

Cambridge

Windsor

　　由收藏家 Helene Alexander 於1991年設立的扇子博物館，是全世界第一座扇子主題的博物館，博物館位於一幢建於1721年的佐治亞式宅邸內。除常設展覽外，每年還有不同主題的特展，收藏有世界各地的扇子和扇面超過3,500件，其中大多是18、19世紀的製品。遊客在參觀各式精美的扇子之餘，還可以在博物館後方的橘園享用精緻的下午茶，或是欣賞有著扇形花壇的日本水景庭院。

地址：12 Crooms Hill, London SE10 8ER　　時間：週三至週六 11:00am-5:00pm
電話：020-8305-1441　　費用：成人 5 英鎊、長者及 7-16 歲小童 3 英鎊（持 London Pass 可免費進入）　⭐INFO

驚喜熱鬧市集

⑨ ⚐MAP 11-1 B2

格林威治市集 Greenwich Market

🚗 乘輕鐵 DLR 至 Cutty Sark 站，出站後步行約 5 分鐘即達

　　格林威治市集從1985年開始引進藝術與工業市集，經過20餘年的發展，成為當地的經營重心。市集以多元化及特色為主，每一個攤位都有不同的驚喜。例如可以買到古董海報、明信片、陶瓷、相機、二手服等，亦可買到保證獨一無二的設計師自家品牌及特色工藝品，最吸引人之處就是不同國家的美食攤擋，價錢便宜之餘又有特色，難怪這裡經常人滿為患。

地址：Greenwich Market, London SE10 9HZ
電話：020-8269-5096　　時間：週二至週日 10:00am-5:30pm
網頁：www.greenwichmarketlondon.com　⭐INFO

千禧巨蛋 ⑩ 🔍 MAP 11-1 D1
O2體育館 The O2 Arena

🚌 乘地鐵 Jubilee 線至 North Greenwich 站，出站步行 3 分鐘即達

★★★

O2體育館建於千禧年，可惜因超支問題空置了6年，直到07年才重新開幕。開幕後旋即成為U2、Rolling Stone、Bon Jovi等多位巨星的表演場地 (原定 Micheal Jackson的告別演唱會)，亦是2012年倫敦奧運會主場之一。12根穿透屋頂支撐頂篷的黃色巨塔，高52米的穹頂、直徑365米，意味一年12個月、52星期及365天。除了主體建築，體育館還有11個廳的電影院、數十家餐廳、博物館，屋頂上有一條天空步道供遊客攀登及賞景 (Up at The O2)，費用由30英鎊起。

地址：The O2, Peninsula Square, London SE10 0DX
時間：每日 10:00am-10:00pm
電話：020-8463-2000
網頁：www.theo2.co.uk
★ INFO

倫敦第一纜車
阿聯酋航空空中纜車 Emirates Air Line
⑪ 🔍 MAP 11-1 D1

🚌 乘地鐵 Jubilee 線至 North Greenwich 站，出站步行 5 分鐘即達

欣賞倫敦有很多方法，其中之一個就是乘坐倫敦第一條纜車綫Emirates Air Line，由阿聯酋航空贊助，因此被譽為是「全球最短的飛行航綫」。連接泰晤士河北岸的皇家碼頭 (Royal Docks)、ExCel 會議中心，與彼岸的格林威治半島及 The O2 Arena。雖然兩岸只相距1.1公里、5分鐘的車程，但34列纜車在一小時內就可讓 2,500多名乘客在293英呎高空上鳥瞰倫敦及格林威治的美景，換個不一樣的角度。

地址：Emirates Cable Car Terminal, Edmund Halley Way, London SE10 0FR (南站) / 27 Western Gateway, London E16 4FA (北站)　電話：034-3222-1234
時間：週一至週四 7:00am-9:00pm，週五 7:00am-11:00pm，週六 8:00am-11:00pm，週日 9:00am-9:00pm
費用：成人單程 4.5 英鎊，5 至 15 歲小童單程 2.3 英鎊 (持 Oyster 及 Travelcards 人士可享優惠)
網頁：www.emiratesairline.co.uk
★ INFO

阿仙奴主場
酋長球場 Emirates Stadium

12 **MAP** 11-1 **A1**

乘倫敦地鐵於 Arsenal 站 /Finsbury Park 站 /Highbury & Islington 站下車，沿指示牌步行約 10 分鐘

06-07年球季正式啟用的酋長球場位於倫敦北部，是傳統勁旅阿仙奴現今的主場，提供 60,432座位，是倫敦容納最多觀眾的球場之一，但亦因此球場，令阿仙奴每年賣走球隊主力還債，間接令成績下挫。參觀者可以到球員的更衣室、新聞中心設施、訓練區、走過球員使用的賽場通道，或在博物館了解這個曾經是英超最強球隊的歷史。

★★★

⭐ **INFO**
地址：Hornsey Rd, London N7 7AJ
時間：10:00am-6:15pm，週日至 4:15pm
電話：020-7619 5003
費用：10 英鎊　　網頁：www.arsenal.com

購物狂的朝聖地 **13**
Burberry Factory Outlet

乘 Overground 至 Hackney Central，出站後步行約 10 分鐘即達

外觀宛若大倉庫的 Burberry Factory Outlet 就宛如一處秘密朝聖地，沒有奢華典雅的裝飾，顧客需要在大堆的過季貨中挑揀自己鍾意的款式，雖然手袋較少，但圍巾、毛衣、Polo 衫、風衣、童裝、眼鏡、錢包等還是品類繁多，而一年四季都有低至兩折的折扣，肯定令到 Burberry 的 Fans 不能自控。

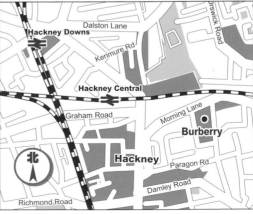

地址：29-53 Chatham Place, London E9 6LP
時間：週一至週六 10:00am-7:00pm，
　　　週日 11:00am-5:00pm
電話：020-8328-4287
網頁：uk.burberry.com/store
⭐ **INFO**

倫敦西北區
North West London

交通策略

Westminster	⊖ District line • 30分鐘				**Kew Gardens**
Piccadilly Circus	⊖ Piccadilly line • 15分鐘	**Hammersmith**	⊖ District line • 11分鐘		**Kew Gardens**
Westminster	⊖ Jubilee line • 2分鐘	**Waterloo**	⇌ South West Trains • 17分鐘		**Surbiton Rail Station**
		Hampton Court	⇌ South West Trains • 7分鐘		
Oxford Circus	⊖ Bakerloo line • 2分鐘				**Wembley Central**
Westminster	⊖ District line • 12分鐘	**Earl's Court**	⊖ District line • 3分鐘		**Fulham Broadway**

推介景點

邱園
Kew Gardens
享譽全球皇家植物園

漢普頓宮
Hampton Court Palace
都鐸王朝皇室官邸

溫布萊球場
Wembley Stadium
歐洲第二大球場

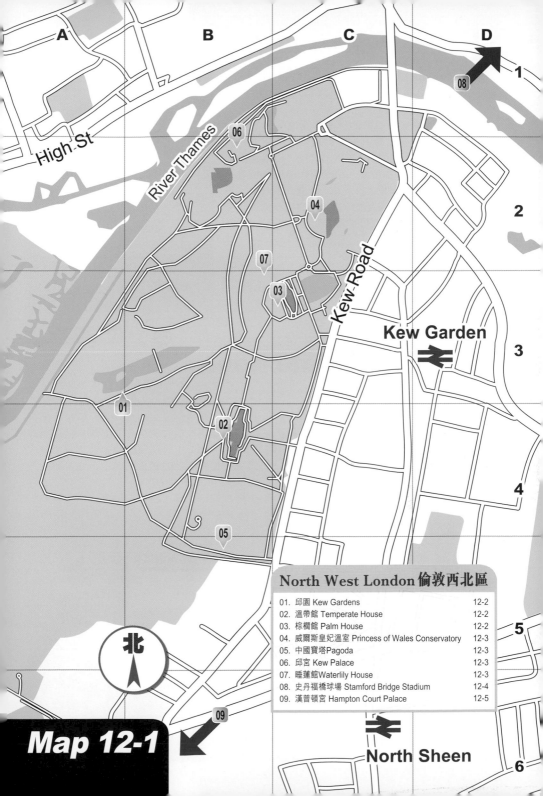

A　　　　　　B　　　　　　C　　　　　　D

1

High St

River Thames

08

06

04

2

07

Kew Road

03

Kew Garden

3

01

02

4

05

5

北

09

Map 12-1

North Sheen

6

規模巨大的世界級植物園

邱園 Kew Gardens

01 ★ MAP 12-1 A3

乘地鐵 District 線至 Kew Gardens 站，出站步行約 10 分鐘即達

★★★

邱園位於倫敦西南部的泰晤士河南岸，始建於1759年，原本是英皇喬治三世的皇太后奧格斯汀公主一所私人花園，經過200多年的發展，已擴建成為佔地300英畝的皇家植物園。植物園內建有26個專業花園：樹木園、杜鵑園、杜鵑谷、竹園、玫瑰園、日本風景園等，還有40座有歷史價值的古建築物及標本館、經濟植物博物館等與植物學科密切相關的建築。

地址：Victoria Gate, Kew Road, Richmond, Surrey TW9 3AB
電話：020-8332-5655
時間：10:00am-6:00pm(不同季節開放時間有所差別)
費用：2 月至 10 月成人 20.5 英鎊，4-15 歲小童 5 英鎊，長者 18.5 英鎊；
　　　　11 月至 1 月成人 13.5 英鎊，4-15 歲小童 4 英鎊，長者 12 英鎊
網頁：www.kew.org

★ INFO

邱園的重要研究場所

02 ★ MAP 12-1 B4

溫帶館 Temperate House

在維多利亞時代，由於邱園的收藏品急劇增加，園內溫室供不應求，因而於1859年興建了一座規模龐大的溫帶館，並花了歷時40年。除南大西洋原生小島上眾多近乎絕跡的植物品種外，溫帶館還收藏有來自中國、澳洲等世界各地的水生動植物。溫帶館內正中央的智利酒棕 (Chilean Wine Palm) 是世上最大的一株室內植物，另外一株南非帝王花，在停止開花160年後突然於1982年再度開花，令人嘖嘖稱奇。

邱園最為人所熟知的地標

★ MAP 12-1 C3

棕櫚館 Palm House 03

建成於1848年的棕櫚館，與毗鄰不遠的溫帶館同為 Decimus Burton 設計，是世界上現存最重要的一座維多利亞時期玻璃鋼龍骨節構建築。棕櫚館內空間寬闊，內部模擬熱帶雨林的氣候環境，遊客可以在棕櫚館內順著金屬迴旋梯上到頂端，一覽館內有著大片棕櫚樹茂密生長的熱帶雨林風光。

西北區 NORTHWEST

★★★

SouthEast
North-West
Oxford
Cambridge
Windsor

自然生長的原生態環境
04 🔍 MAP 12-1 C2

威爾斯皇妃溫室 Princess of Wales Conservatory

由威爾斯皇妃歐格絲塔所創建的威爾斯皇妃溫室，內部被劃分為10個構造複雜的不同氣候區，並由電腦精密控制溫度與濕度，為溫室內植物提供了不同的自然生長環境，其中乾熱帶和濕熱帶兩個區域中，生長了眾多珍稀植物。遊客可以在各種高度不一的觀光通道內，欣賞到不同地區的植物。

一片綠蔭中的紅色寶塔
05 🔍 MAP 12-1 B5

中國寶塔 Pagoda

始建於1761年的中國寶塔高50米，是邱園中的標誌建築之一，寶塔內部有253級台階通往塔頂，遊客可以在塔頂一覽邱園的迷人風景。據說在18世紀建造時僅僅塔身的油漆就花掉了130英鎊，相當於現今近百萬英鎊的鉅款。

邱園中最古老的建築
07 🔍 MAP 12-1 B3

邱宮 Kew Palace

06 🔍 MAP 12-1 B2

巨大的南美大王睡蓮

睡蓮館 Waterlily House

建於1852年的睡蓮館，最初是為來自南美洲亞馬遜河流域的大王睡蓮而修建，但在最初種植失敗後，睡蓮館被改為藥用與食用植物園，直到1991年邱園內才成功培育出大王睡蓮，並將大王睡蓮和各種爬藤及水生植物一同展示在這座睡蓮館內。每到夏天，都有無數遊客在這裡觀賞足足一個人重量的大王睡蓮。

建於1631年的邱宮前身是喬治三世治療瘋病的醫院，喬治三世直到去世為止一直生活在邱宮，並由皇后夏洛蒂照顧他的日常起居。此外，邱宮還曾經舉辦過兩次皇室婚禮，2006年英國女皇的80歲生日宴會也在這裡舉辦，為這座古老的建築添上一絲溫馨的色彩。遊客在邱宮可以觀賞到眾多皇室生活的房間，並得以從房間內陳設的傢俱、服飾等一窺英國皇室的日常生活。

車路士球迷必訪 史丹福橋球場
Stamford Bridge Stadium 08

乘倫敦地鐵 District 線在 Fulham Broadway 站下車即達

★★★
　　史丹福橋球場與安菲爾德球場一樣有過百年歷史，位於倫敦近郊，地鐵可以直達，非常方便。它是全倫敦第三大的球場，可容納41,837名觀眾。車路士是英超球會中配套設施其中一間最好的球會，除了擁有球場，附近亦設有「車路士村」(Chelsea Village)，佔地12公頃，建立了酒店、健身室等等，完全展示富豪球會的風格。

地址：Fulham Road, London SW6 1HS　　　電話：087-1984-1955
時間：10:00am-5:00pm (不同月份開放時間不同，詳情請瀏覽網頁)
費用：成人 40 英鎊，小童 27 英鎊（有不同導賞團，詳情請瀏覽網頁）
網頁：www.chelseafc.com

★ INFO

英國的「梵爾賽宮」
漢普頓宮 Hampton Court Palace

🚗 從倫敦乘 National Rail 火車到達 Hampton Court，到站後步行 5 分鐘即達

色彩艷麗的各色鮮花被拼成一塊塊整齊的圖形，有小天使的雕塑立在花叢邊。

漢普頓宮位於泰晤士河上游，有英國的「梵爾賽宮」之稱，建造於1515年，是英國都鐸式皇宮的典範。皇宮內部有1,280間房間，是當時全國最華麗的建築。經歷了多次的改建和重修，成為英國對外開放的一個著名景點。皇宮中最華麗的建築要數亨利八世的國家套房 (State Apartments)，裡面有意大利畫家手繪的宗教畫，古色古香。

⭐ INFO

地址：Hampton Court Palace Surrey, London KT8
電話：084-4482-7777
時間：3 月 29 日至 11 月 3 日 10:00am-5:30pm，
　　　11 月 4 日至 3 月 28 日 10:00am-4:00pm
費用：成人 26.1 英鎊，學生和長者 20.9 英鎊，5-15 歲以下 13 英鎊，5 歲以下免費 (網上訂票享優惠)
網頁：https://www.hrp.org.uk/hampton-court-palace/

啤酒窖、紅酒窖每年釀有60餘萬瓶各類酒品。而且用的是花園裡自己栽種的葡萄。

最令人心曠神怡的是宮廷周圍的花園，萬紫千紅、春色滿園、令人心醉，仿如是巴黎梵爾賽宮後花園的翻版。

英格蘭的足球聖殿 ❿
溫布萊球場 Wembley Stadium

乘地鐵 Bakerloo 線 / 乘 Overground 至 Wembley Central 站，出站後步行 15 分鐘、乘地鐵 Jubilee 或 Metropolitan 線至 Wembley Park 站，出站後步行 10 分鐘，或從倫敦乘 National Rail 火車到達 Wembley Stadium，到站即達

始建於1923年的舊溫布萊球場，以印度新德里總督府的標誌性雙塔而聞名，直至今日 1966年世界杯冠軍英格蘭隊長鮑比·摩爾的雕像依舊在體育場外屹立著。另一邊廂，全新的 溫布萊體育場有一座133米高的拱門、可活動蓋頂及90,000個座位，是歐洲容量第二大的 球場，無數偉大的足球運動員顛峰就在溫布萊宏偉的雙塔下展現。

地址：Wembley Hill Road, Brent, London HA98
電話：084-4980-8001　　　時間：10:00am-3:00pm
費用：導賞團：成人 24 英鎊，小童 17 英鎊
網頁：www.wembleystadium.com　⭐INFO

平價時裝集中地 ⓫
London Designer Outlet

乘地鐵 Bakerloo 線 / 乘 Overground 至 Wembley Central 站，出站後步行 15 分鐘、乘地鐵 Jubilee 或 Metropolitan 線至 Wembley Park 站，出站後步行 10 分鐘，或從倫敦乘 National Rail 火車到達 Wembley Stadium，到站即達

集餐飲、娛樂、零售於一身的London Designer Outlet，主攻平價時裝如H&M、Gap、Nike、Adidas、Asics、New Balance、Superdry、The Body Shop、NEXT及馬莎等。雖然是上季款式，但卻比外面便宜三成。血拼完，這邊有多達15間餐廳及一間大型戲院Cineworld，而整個商場均提供免費Wi-Fi，最適合時間不是很充裕的旅客。

地址：Wembley Park Boulevard,　⭐INFO
　　　Wembley HA9 0QL　　電話：020-8912-5210
時間：週一至週六 10:00am-8:00pm，週日 11:00am-6:00pm
網頁：www.londondesigneroutlet.com

牛津
Oxford

交通策略

Paddington (London)	First Great Western Railway • 70分鐘	Oxford
Victoria / Marble Arch (London)	Oxford Tube 巴士 • 100分鐘	Gloucester Green (Oxford)
Baker Street / Victoria / Marble Arch (London)	X90 巴士 • 100分鐘	Gloucester Green (Oxford)

推介景點

基督教會學院
Christ Church
最大規模牛津學院

比斯特村
Bicester Village
名牌折扣地

布萊尼姆宮
Blenheim Palace
丘吉爾出生地

市內交通

巴士

牛津市內有 Oxford Bus Company 及 Stagecoach 兩大巴士公司，兩間公司路線和票價都非常相近，除了提供倫敦市內班次，亦各自提供來往倫敦及牛津的班次：由 Oxford Bus Company 營運的 X90 (Oxford Express) 及 Stagecoach 營運的 Oxford Tube，車費15英鎊，即日 / 隔日來回18英鎊，約15-20分鐘一班車，全程1小時40分鐘。

Oxford Bus Company 亦提供由希斯路機場 (Heathrow) 及格域機場 (Gatwick) 來往牛津的巴士 The Airline。

其他巴士營運商為 Thames Transit、Brookesbus 等，而 Megabus、National Express 則經營全國路線。

網頁：

Oxford Bus Company
www.oxfordbus.co.uk

Stagecoach Bus
www.stagecoachbus.com

Thames Travel
www.thames-travel.co.uk

National Express
www.nationalexpress.com

Mega Bus
www.megabus.co.uk

觀光巴士

遊客也可乘坐市內的 City-Sightseeing 紅色觀光巴士，已包括各主要景點如 Oxford Castle、University College、Bridge of Sighs、Ashmolean Museum 等。每15-20分鐘一班車，繞市一圈約60分鐘，可以1天內任意上落 (Hop On Hop Off)。

地址：	No. 1 Shop, Oxford Train Station, Park End Street, Oxford OX1 1HS
電話：	018-6579-0522
時間：	4月至9月9:30am-6:00pm，10月至3月9:30am-5:00pm，聖誕節及新年休息
費用：	成人一日遊票價19.98英鎊；5至15歲小童一日遊票價11.76鎊
網頁：	https://city-sightseeing.com/en/99/oxford

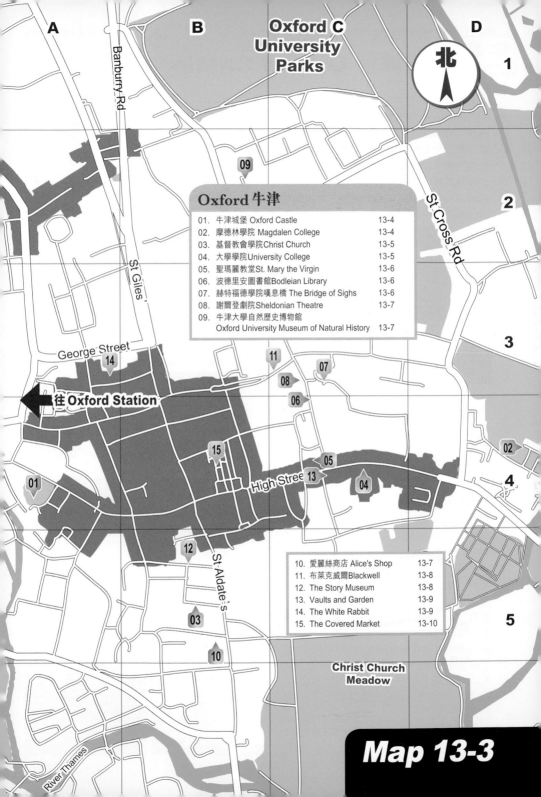

Oxford University Parks

Banbury Rd

St Cross Rd

09

Oxford 牛津

St Giles'

George Street

14

往 Oxford Station

11

08

07

06

15

05

High Street

13

04

02

12

St Aldate's

03

10

Christ Church Meadow

River Thames

Map 13-3

在鬧鬼傳說城堡內探險
牛津城堡 Oxford Castle

🚌 從牛津火車站步行約 10 分鐘即達

★★★

東南區
西北區
牛津
劍橋
溫莎

建於1071年的牛津城堡最初是一座防禦性建築，西側的聖喬治塔曾經是牛津城圍牆的一部分，在中世紀時期更作為監獄，因而流傳著不少鬼故事。現今牛津城堡已改建為酒店，除了保留原先的建築風格外，還有打扮成獄卒和犯人的工作人員為遊客解說監獄內流傳的故事，充滿驚聲尖叫的監獄遊也成了牛津城堡的招牌。

> **地址**：Oxford Castle, 44 New Road, Oxford, OX1 1AY
> **電話**：018-6526-0666　**時間**：10:00am-5:00pm
> **費用**：成人 15.25 英鎊，長者及學生 14.25 英鎊，
> 　　　　5-15 歲小童 9.95 英鎊，5 歲以下免費
> **網頁**：www.oxfordcastleunlocked.co.uk
> ⭐ INFO

寧靜幽雅的公園學院 02 ⭐ MAP 13-3 D4
摩德林學院 Magdalen College

🚌 乘坐 City-Sightseeing 觀光巴士至第 19 站
Magdalen Street，下車步行 5 分鐘即達

成立於1458年的摩德林學院位於查韋爾河畔，環境寧靜幽雅。庭院迴廊充滿古樸的感覺，主樓正中造型優美的鐘樓高46米，建於詹姆斯一世時期，校舍內隨處可見到刻有聖徒和野獸雕像的石柱。學院對面的牛津大學植物園則是英國歷史最悠久的植物園之一，可以欣賞到來自世界各地的珍稀植物，河邊偶爾亦會出現鹿群。

> **地址**：High Street, Oxford, OX1 4AU
> **電話**：018-6527-6000
> **時間**：1:00pm-6:00pm (不同月份開放時間略有不同)
> **費用**：成人 7 英鎊，長者 / 小童 / 學生 6 英鎊
> **網頁**：www.magd.ox.ac.uk
> ⭐ INFO

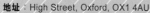

《哈利‧波特》外景地

牛津大學基督堂學院 Christ Church College

🚌 乘坐 City-Sightseeing 觀光巴士至第 7 站 Pembroke College / St. Aldates，下車橫過馬路即達

　　基督堂教會學院創立於1525年，是牛津大學中規模最大的學院，也是世上唯一一座同時是主教座堂的學院，先後培養了13位英國首相，而名著《愛麗絲夢遊仙境》的作者卡羅也曾在這裡授課。基督教會學院的中庭以美麗的中央噴泉為中心，四壁懸掛著歷代名人的肖像，中庭中的一棵大樹相傳就是兔子帶著愛麗絲跳入奇妙仙境的入口，而大堂亦是電影《哈利波特》中霍格華茲魔法學校內那座挑高穹頂的食堂。

地址：Christ Church Oxford, OX1 1DP　　電話：018-6527-6492
費用：成人 17 英鎊起，長者、學生及小童 16 英鎊起，5歲以下免費 (按照不同月份有不同收費)
時間：週一至週六 10:00am-5:00pm，週日 2:00pm-5:00pm　　網頁：www.chch.ox.ac.uk ⭐ INFO

牛津最古老的學院 04 ⭐ MAP 13-3 C4

大學學院 University College

🚌 乘坐 City-Sightseeing 觀光巴士至第 10 站 The Queen's College，下車即達

　　大學學院創立於1249年，是牛津歷史最古老莊嚴的學院，在悠久漫長的歷史中培養了發現波義耳定律的羅伯特‧波義耳、世上第一個用顯微鏡觀察到活細胞的羅伯特‧胡克、因發表擁護無神論的論文而退學的詩人雷萊，甚至就連美國前總統克林頓也曾在牛津進修。

地址：High Street, Oxford, OX1 4BH　電話：018-6527-6602
費用：免費　　時間：每年 7 月　　網頁：www.univ.ox.ac.uk ⭐ INFO

牛津
OXFORD

東南區 西北區 牛津 劍橋 溫莎

高聳的哥德式尖塔

05 ⊛ MAP 13-3 **C4**

聖瑪麗教堂 St. Mary the Virgin

乘坐 City-Sightseeing 觀光巴士至第 10 站 The Queen's College，下車即達

建於13世紀的聖瑪麗教堂在早期曾經是牛津各學院的共用教堂，也被用作典禮場所、考場和圖書館等用途，是一座後哥德式建築，其高聳的哥德式尖塔高62米，內部有127級螺旋式階梯可以攀至塔頂，一覽牛津的市容街景。

地址：25 High Street, Oxford, OX1 4AH　電話：018-6527-9111　費用：5 英鎊
時間：週一至週六 9:30am-5:00pm，週日 12:00nn-5:00pm　網頁：www.university-church.ox.ac.uk
★ INFO

數百冊珍貴圖書藏寶庫

06 ⊛ MAP 13-3 **C4**

波德里安圖書館 Bodleian Library

乘坐 City-Sightseeing 觀光巴士至第 13 站 Sheldonian Theatre，下車即達

波德里安圖書館是世上最古老的圖書館之一，規模僅次於大英圖書館。而在電影《哈利‧波特》中，這裡也曾經被用來拍攝魔法學校霍格華茲的部分場景。此外，建於1749年的拉德克里夫圓樓位於聖瑪麗教堂對面，是一座典型的巴洛克建築，現今作為波德里安圖書館的醫學和科學書籍館，從1861年起即成為波德里安的分館之一。

地址：Broad Street, Oxford OX1 3BG　電話：018-6527-7162
時間：週一至週五 9:00am-5:00pm，週六至 4:30pm，週日至 11:00am-5:00pm (每月開放時間不同，請參考網頁)
費用：8 英鎊 (導賞團)
網頁：www.bodleian.ox.ac.uk/bodley
★ INFO

進入考場必經之地

07 ⊛ MAP 13-3 **C3**

赫特福德學院嘆息橋 The Bridge of Sighs

乘坐 City-Sightseeing 觀光巴士至第 13 站 Sheldonian Theatre，下車即達

由托馬斯‧杰克遜爵士於1914年修建的赫特福德橋，橋拱跨度達16米，是連接赫特福德學院兩座建築的過街騎樓。因其外觀酷似威尼斯的嘆息橋，並且是學生進入考場的必經之地，因而被稱為「嘆息橋」。只不過，在為數眾多的觀光客之中，也有人認為這座拱橋更像是威尼斯的另一座以浪漫美麗而聞名的雷雅托橋。

地址：New College Lane, Oxford OX1 3BL　費用：免費
★ INFO

舉行畢業典禮的場所
謝爾登劇院 Sheldonian Theatre

08 ⭐ MAP 13-3 **C3**

乘坐 City-Sightseeing 觀光巴士至第 13 站 Sheldonian Theatre，下車即達

建於1633年的謝爾登劇院由克里斯托弗·雷恩爵士按照羅馬劇場為藍本設計修建，環繞在劇院週圍的13尊羅馬帝國皇帝雕像表情各異。今時今日，謝爾登劇院仍然是牛津大學舉行畢業典禮和各種儀式的主要場所。

地址：Broad Street, Oxford OX1 3AZ
電話：018-6527-7299
時間：10:00am-12:30nn，2:00pm-4:30pm（如有活動會改開放時間，請參考網頁）
費用：成人 4 英鎊，長者 3 英鎊
網頁：www.sheldonian.ox.ac.uk
⭐ INFO

收藏自然及歷史展品
牛津大學自然歷史博物館
Oxford University Museum of Natural History

09 ⭐ MAP 13-3 **B2**

乘坐 City-Sightseeing 觀光巴士至第 15 站 Parks Road，下車即達

建於1860年的牛津大學自然歷史博物館是一幢新哥德式風格的建築，高挑天花板的大廳正中陳列著巨大的恐龍骨架化石，除了各種自然生物的標本外，牛津大學自然歷史博物館內還展出有大量面具、樂器、飾物等豐富多彩的人類學藏品。此外，在《愛麗絲夢遊仙境》中描述的鳥類標本也在博物館內陳列。

地址：Parks Road, Oxford, OX13PW ⭐ INFO
電話：018-6527-2950 **時間**：10:00am-5:00pm
費用：免費 **網頁**：www.oum.ox.ac.uk

童話故事中出現過糖果店
愛麗絲商店 Alice's Shop

10 ⭐ MAP 13-3 **B5**

乘坐 City-Sightseeing 觀光巴士至第 6 站 Speedwell Street，下車即達

位於牛津大學基督教會學院對面的愛麗絲商店，就是在牛津大學任教的路易斯·卡羅在《愛麗絲夢遊仙境》一書中所描述的那間由羊所經營的店舖。由於故事中的主角愛麗絲的原型在現實中經常光顧這家糖果店，因而現在這家店舖已經成為《愛麗絲夢遊仙境》周邊產品的主題店舖，售賣著琳瑯滿目的精緻紀念品。

⭐ INFO
地址：83 St. Aldates Oxford, OX1 1RA **電話**：018-6524-0338
時間：週一至五 10:00am-4:00pm，週六及日至 6:00pm **網頁**：www.oumnh.ox.ac.uk

牛津 OXFORD

歷史悠久的名書店
Blackwell

 乘坐 City-Sightseeing 觀光巴士至第 13 站 Sheldonian Theatre，下車即達

東南區 西北區 **牛津** 劍橋 溫莎

在英國30多個城市擁有超過60家連鎖店的 Blackwell，是一家歷史悠久的家族學術書店，其旗艦店就位於牛津大學頒發學位的圓形大廳對面。門面很小的牛津旗艦店於1879年由布萊克威爾先生開創，保持了100多年來傳統、低調的個性，各種學術機構和研究人員的學術著作都可以在這裡尋覓到，吸引了眾多愛書遊客的光顧。

地址：48-51 Broad Street, Oxford OX1 3BQ
電話：018-6579-2792
時間：週一至週六 9:30am-6:30pm，
　　　　 週日 11:00pm-5:00pm
網頁：bookshop.blackwell.co.uk
★ INFO

童話故事館

The Story Museum

乘坐 City-Sightseeing 觀光巴士至第 7 站 Pembroke College/St. Aldates，下車步行約 2 分鐘即達

以故事為主題的博物館，你可以在充滿童趣的展場中盡情打卡。博物館裡有多個小房間，房間內的布置會引領你進入故事的情境中，例如帶你到愛麗絲夢遊仙境中出現過的場景，或穿過衣櫃走到雪人的房間。這裡除了是小朋友的樂園，也適合童心未泯的大朋友到訪玩樂。

地址：42 Pembroke Street, Oxford OX1 1BP
電話：018-6579-0050
時間：週三 9:30am-4:30pm，週四至週日 9:30am-5:30pm，
　　　　 週一至週二休息　**時間**：Gallaries 10 英鎊
網頁：www.storymuseum.org.uk
★ INFO

古色古香 ⑬ 🔍 MAP 13-3 C4
Vaults and Garden

🚌 乘坐 City-Sightseeing 觀光巴士至第 10 站 The Queen's College 下車即達

　　Vaults and Garden 位於漂亮的聖瑪麗教堂旁，景觀已經非常殺食。餐廳原址是一個建於14世紀，名為 Congregation House 的圓頂建築，裡裡外外都充滿歷史氛圍。除了這些硬件，食肆做菜也非常用心，食材產地必須有環保認證，更盡量採用牛津郡的在地生產，希望能為當地農業持續發展出一分力，非常值得支持。

地址：University Church, 1 Radcliffe Sq, Oxford OX1 4AH
電話：018-6527-9112
時間：週一至週六 8:30am-6:00pm，週日 8:30am-5:30pm
網頁：https://www.thevaultsandgarden.com/
⭐ INFO

千杯不醉 ⑭ 🔍 MAP 13-3 A3
The White Rabbit

🚌 乘坐 City-Sightseeing 觀光巴士至第 18 站 Blackfriars 下車即達

　　The White Rabbit 是牛津市內標榜正宗的意大利餐廳。大廚是意大利人，所有 Pizza 都以頂級的意大利進口麵粉烤焗。除了意式美食，餐廳最引以為傲一系列不同口味的啤酒以供選擇，其中不乏名不經傳但釀酒水準非常高的啤酒品牌，如 Siren Craft Brew、Tap Social 及 XT Brewery 等。餐廳最暢銷是來自祖家意大利的 Birra Morretti 啤酒。如果對啤酒沒興趣，餐廳亦有提供雞尾酒及不同品牌的烈酒，保證好杯中物者不醉無歸。

地址：21 Friars Entry, Oxford
電話：018-6524-1177
時間：12:00nn-12:00mn
網頁：http://www.whiterabbitoxford.co.uk/
⭐ INFO

SouthEast
NorthWest
Oxford
Cambridge
Windsor

平價美食市集 ⑮ 🔍 MAP 13-3 B4
The Covered Market

🚕 從牛津火車站乘 1 號、5 City 號巴士至 Westgate(Stop M1) 站下車，步行約 5 分鐘

　　牛津歷史悠久的傳統市集，建於1770年代，匯集了許多生活雜貨店、食材店、小吃店及咖啡館等。熱門美食名單有Ben's Cookies、被評價牛津最好吃的雪糕店iScream Gelateria、Moo Moo's奶昔店、Pieminister英國餡餅等，另外Colombia Coffee Roasters也是市集內的人氣咖啡店。

★ INFO
地址：Market St, Oxford, United Kingdom,OX1 3DZ
時間：週一至週六 8:00am-5:30pm，週日 10:00am-4:00pm
網頁：https://oxford-coveredmarket.co.uk

名牌折扣集散地 ⑯ 🔍 MAP 13-11
比斯特村 Bicester Village

🚕 從牛津乘火車至 Bicester Village 站，或從 Victoria / Marble Arch 乘前往 Bicester Village 的 Express Bus，下車即達

　　位於牛津郡的比斯特村是英國著名的購物村之一，每年都有大量遊客前往購買各種打折品牌。比斯特村是一條兩頭半封閉的街道，從有牛雕像的正門進入，遊客就可看到沿街匯集了Armani、Burberry、Dior、Celine、Prada、Kenzo、Vivienne Westwood、Paul Smith、Alexander McQueen等近百家世界名牌的折扣專賣店，堪稱購物狂的天堂。

地址：50 Pingle Drive, Bicester, Oxfordshire, OX26 6WD
電話：018-6936-6266
時間：週一至週三 9:00am-8:00pm，週四至週六至 9:00pm，週日 10:00-7:00pm
網頁：www.bicestervillage.com
★ INFO

其他品牌包括： Balenciaga、Bottega Veneta、Coach、Chloé、D&G、Ermenegildo Zegna、Fred Perry、Furla、Hunter、Jack Wills、Kate Spade、Le Creuset、Links of London、Loewe、Mulberry、Prada、Ted Baker、Tory Burch、Valentino……

丘吉爾出生的莊園
布萊尼姆宮 Blenheim Palace

17 ⭐🔍 **MAP** 13-11

牛津
OXFORD

🚗 從牛津火車站乘 S3 或 500 號巴士，車程約 20 分鐘

　　建於18世紀初期的布萊尼姆宮是英國規模最大的巴洛克建築，亦是史上最重要的首相溫斯頓·丘吉爾的出生地。布萊尼姆宮由兩層主樓和兩翼的庭院組成，外觀混合了科林斯式的廊柱和巴洛克式的塔，裡面陳設著丘吉爾家族收藏的油畫、掛毯以及各種裝飾品，每一件都是出自名家之手的藝術珍品。 ⭐⭐⭐

SouthEast

NorthWest

Oxford

Cambridge

Windsor

MAP 13-11

Bicester
Bicester Village

Woodstoick
Oxford Airport
Blenheim Palace

北 ↑

Oxford

地址：Blenheim Palace, Woodstock, Oxford shire,OX20 1PX　　**電話**：087-0060-2080
時間：公園：9:00am-6:00pm；宮殿：10:30am-5:30pm；花園 10:30am-4:30pm
費用：宮殿和花園套票：成人 32 英鎊，長者及學生 30.5 英鎊，5-16 歲以下 18.5 英鎊，5 歲以下免費
網頁：www.blenheimpalace.com

⭐ INFO

劍橋
Cambridge

交通策略

King's Cross / Liverpool Street (London)	🚆 Great Northern Railway • 70分鐘	**Cambridge**
Victoria Coach Station (London)	National Express 巴士 • 130分鐘	**Cambridge City Centre**

推介景點

劍橋國皇學院
Cambridge King's College
最　有　名　學　府

三一學院
Trinity College
牛頓的蘋果樹

費茲威廉博物館
The Fitzwilliam Museum
劍橋最大的綜合性博物館

巴士

劍橋的巴士總站設在市中心的 Drummer Street 上，有許多不同公司的專線巴士，包括 Stagecoach in Cambridge、Whippet Coaches、The Busway 等，前往郊區各處。從劍橋火車站可乘1、3號巴士 (Citi 1, Citi3) 到 Emmanuel Street 下車到市中心。

網頁：**www.cambridgeshire.gov.uk/info/20017/buses**

觀光巴士

遊客也可乘坐市內的 City-Sightseeing 紅色觀光巴士，已包括各主要景點如 Kings College Chapel、The Fitzwilliam Museum、Cambridge Botanic Garden 等。夏天約20分鐘一班，冬天40分鐘一班，繞市一圈約70分鐘，可以1天內任意上落 (Hop On Hop Off)。

地址： Silver Street East, Cambridge, Cambridgeshire CB3 9ET
電話： 012-2343-3250
時間： 4月至9月10:10am-6:10pm，10月至3月10:10am-3:40pm，聖誕節、聖誕翌日及新年休息
費用： 成人一日遊票價19.4英鎊；5至15歲小童一日遊票價12.93英鎊
網頁： https://city-sightseeing.com/en/87/cambridge

平底船

沿河邊有多間公司均提供導賞服務，船伕導賞遊 (45分鐘)，約14英鎊。

Scudamore's Punting Company
電話：012-2335-9750
網頁：www.scudamores.com

Let's Go Punting
電話：012-2365-1659
網頁：www.letsgopunting.co.uk

The Cambridge Punting Company
電話：012-2345 9703
網頁：www.thecambridgepuntingcompany.co.uk

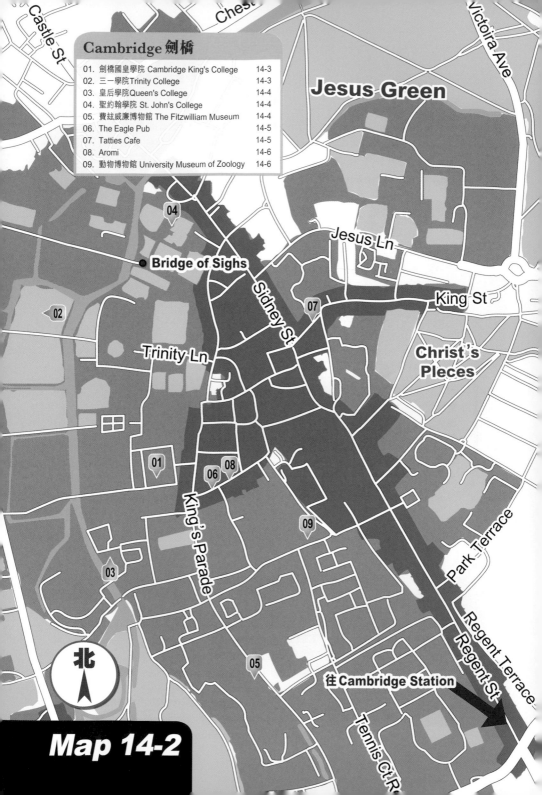

Cambridge 劍橋

Jesus Green

04

Jesus Ln

● Bridge of Sighs

King St

02

07

Sidney St

Trinity Ln

Christ's
Pleces

01

08

06

King's Parade

09

03

Park Terrace

北

05

往 Cambridge Station

Regent Terrace

Regent St

Tennis Ct R

Map 14-2

劍橋大學內著名學院 劍橋國皇學院 **01**
Cambridge King's College 🔍 MAP 14-2

劍橋
CAMBRIDGE

SouthEast
NorthWest
Oxford
Cambridge
Windsor

🚗 乘坐 City-Sightseeing 觀光巴士至第 7 站 Market Street，下車步行 5 分鐘即達

由英國國皇亨利六世於1441年設立創建的國皇學院是劍橋大學最有名的學院之一，曾經培養出英國第一任首相羅伯特•沃波爾、經濟學家凱恩斯、電腦之父艾倫•圖靈和中國詩人徐志摩等。順著國皇大道，首先看是花歷時70年才完工的禮拜堂，大門上鑲嵌有皇冠和都鐸式薔薇的紋章，殿堂內扇形的浮雕拱頂，營造出一種莊嚴的氣氛。

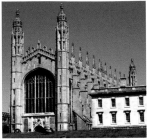

地址：Kings Parade Cambridge, CB21ST
電話：012-2333-1100
時間：9:30am-4:15pm
費用：成人 11 英鎊，長者、學生及小童 8.5 英鎊
網頁：www.kings.cam.ac.uk **★ INFO**

牛頓發現萬有引力的蘋果樹 **02** 🔍 MAP 14-2
三一學院 Trinity College

🚗 乘坐 City-Sightseeing 觀光巴士至第 7 站 Market Street，下車步行 5 分鐘即達

由英國國皇亨利八世於1546年修建的三一學院，最為聞名的就是學院大門右側一株毫不起眼的蘋果樹，據說當年牛頓就是被這株樹結出的蘋果砸在頭上，而發現地心吸力。學院內的圖書館屋頂上矗立著四座石像，分別代表神學、法學、物理學和數學這四門歷史最為悠久的學科，圖書館內的藏書包括牛頓的《自然原理》初版和米爾納的《小熊維尼》手稿等，堪稱價值連城的珍品。

相傳這顆就是牛頓發現地心吸力的蘋果樹

亨利八世雕像左手托著一個象徵王位的金色十字架圓球，右手卻舉著一根椅子腿，相傳本來雕像右手中握著的是一根金色權杖，但卻被一個惡作劇的學生換成了椅子腿

地址：Trinity Street, Cambridge CB2 1TQ
電話：012-7820-6100
時間：9:00am-5:30pm
費用：免費
網頁：www.trin.cam.ac.uk **★ INFO**

數學橋連接的學院 03 ⭐ MAP 14-2
皇后學院 Queen's College

🚌 乘坐 City-Sightseeing 觀光巴士至第 1 站 Silver Street East，下車即達

　　皇后學院由亨利四世的皇后瑪格麗特和愛德華四世的皇后伍德維爾共同捐資建立，橫跨康河而立，由舉世聞名的數學橋相連，被譽為劍橋最優美的風景區之一。相傳牛頓最初修建數學橋並沒有使用螺絲，之後一個好奇的學生將橋拆開後卻無法還原，只好用螺絲釘連接起來，所以橋是何人修建，就連劍橋人自己也說不清楚了。

地址：Queen's College, Cambridge CB3 9ET
電話：012-2333-5511
時間：10:00am-4:30pm
費用：5 英鎊 (12 歲以下小童免費)
網頁：www.queens.cam.ac.uk
⭐ INFO

劍橋第二大學院 04 ⭐ MAP 14-2
聖約翰學院 St. John's College

🚌 乘坐 City-Sightseeing 觀光巴士至第 5 站 Bridge Street，下車即達

　　建於1511年的聖約翰學院是劍橋第二大學院，毗鄰的康河畔有兩座橋，其中一座是廚房橋 (Kitchen Bridge)，另一座就是嘆息橋 (Bridge of Sigh)。進入學院大門後沿著前庭、禮拜堂、中庭一路觀光，可以看到學院內遍布詹姆斯時期的都鐸式建築，及校舍懸掛著的知名校友肖像，充滿古樸的歷史風韻。

地址：Bridge Street, Cambridge,CB2 1TP　　　電話：012-6527-7300
時間：10:00am-5:00pm
費用：10 英鎊；長者，學生及 12-16 歲 5 英鎊，12 歲以下免費
網頁：https://www.joh.cam.ac.uk
⭐ INFO

劍橋最大的綜合性博物館 ⭐ MAP 14-2
費茲威廉博物館 05
The Fitzwilliam Museum

🚌 乘坐 City-Sightseeing 觀光巴士至第 14 站 Trumpington Street，下車即達

　　建於1873年的費茲威廉博物館，收藏了畫作如提香、米開蘭基羅等文藝復興時期和莫奈、畢加索等印象派大師的作品、英國前拉斐爾派畫家福特·馬多克斯·布朗創作的《最後的英格蘭》等。此外，館內還收藏有埃及、希臘、羅馬、中國等文明古國的文，是大英博物館外另一所不可錯過的大型綜合性博物館。

地址：Trumpington Street, Cambridge, CB2 1RB　　　電話：012-2333-2900　　費用：免費
時間：10:00am-5:00pm，週日 12:00nn-5:00pm，週一休息　　　網頁：www.fitzmuseum.cam.ac.uk
⭐ INFO

劍橋
CAMBRIDGE

SouthEast
NorthWest
Oxford
Cambridge
Windsor

DNA 發源地 06 ⚲MAP 14-2
The Eagle Pub

🚗 乘坐巴士至 Corpus Christi Col 站，下車步行 5 分鐘即達

劍橋 The Eagle Pub 的地位，就像牛津的 Eagle & Child 一樣，是區內的「神級」酒吧，也是劍橋學者們喜愛把酒言歡的地方。酒吧開業於 1667 年，最著名的有沃森 (James Dewey Watson) 和克里克 (Francis Harry Compton Crick) 在 1953 年於酒吧內宣布發現 DNA 的研究成果。同年，二人再在酒吧內制定了 20 種典型氨基酸的清單，成為當代生物學的基礎，震驚世界。今天酒吧內還提供別注版啤酒來紀念這一發現，被稱為「Eagle's DNA」。

Eagle's DNA 啤酒。

二戰期間，酒吧的天花板和牆壁被飛行員塗鴉覆蓋，亦保存至今。

地址：8 Benet Street, Cambridge CB2 3QN, UK
電話：012-2350-5020
時間：11:00 am-11:00pm，週四至週六
　　　營業至 12:00mn
網頁：https://www.greeneking-pubs.co.uk/pubs/
　　　cambridgeshire/eagle/
★ INFO

薯不簡單 07 ⚲MAP 14-2
Tatties Cafe

🚗 乘坐巴士至 Christ's College 站，下車步行 3 分鐘即達

Tatties Cafe 是劍橋當地非常受學生歡迎的餐廳，雖然出品不算很有特色，但地方企理，食物份量十足。這裡的早餐是人氣之選，6 英鎊便可填飽肚皮。而店名的 Tatties，其實就是薯仔的意思，所以餐廳亦提供傳統英式菜 Jacket Potatoes，就是在焗薯內夾各種配料的食物，既飽肚又好味。

地址：11 Hobson St, Cambridge
電話：012-2332-3399
時間：週一至六 8:30am-7:00pm，
　　　週日至 6:00pm
★ INFO

東南區 | 西北區 | 牛津 | 劍橋 | 溫莎

西西里美食 ⑧ ⭐ 🔍 MAP 14-2
Aromi

🚗 乘坐巴士至 Corpus Christi Col 站，下車步行 5 分鐘即達

Aromi是劍橋市中心一家意大利餐館，主打意國南部西西里島的風味。食肆的薄餅無論麵粉及橄欖油都由意大利進口，配以西西里出產的海鹽，麵糰發酵足足三天，再以傳統的石窯爐烤焗，所以味道零舍不同。除了薄餅及意粉，食肆又提供香滑的意式雪糕Gelato，更有不同款式的西西里特色街頭小吃，令人回味無窮。

地址：1 Bene't Street, Cambridge
電話：012-2330-0117
時間：週日至週四 9:00am-7:00pm，週五及六至 8:00pm
網頁：https://www.aromi.co.uk

⭐ INFO

珍禽異獸大檢閱 動物學博物館 ⑨ ⭐ 🔍 MAP 14-2
University Museum Of Zoology

博物館入口處展示了一個21.3米的長尾鯨骨架，俗稱Bobby，非常有氣勢。

🚗 乘坐巴士至 St Andrew's Street 站，下車步行 5 分鐘即達

劍橋市雖然沒有大型的動物園，但動物學博物館展出物種的種類，遠比任何一間動物園都豐富。在博物館找不到活生生的動物，卻展示了由古至今海陸空不同動物的標本。這些標本最早由1814年已開始搜集，其中包括《進代論》作者達爾文在1831年至1836年間，乘HMS Beagle航行收集的標本，無論在生物學及歷史上都非常珍罕。

地址：Downing St, Cambridge　電話：012-2333-6650
時間：10:00am-4:30pm，週日 12:00nn-4:30pm，週一休息
費用：免費入場　網頁：https://www.museum.zoo.cam.ac.uk/

⭐ INFO

溫莎
Windsor

交通策略

| Paddington (London) | ⇌ First Great Western Railway • 30分鐘 | Slough (轉車) |

*持 The London Pass with Oyster Travelcard 可免費乘搭，只需出示有效證明給工作人員，毋須拍咭入閘。

| Windsor and Eton Central | ⇌ First Great Western Railway • 9分鐘 |

| Waterloo (London) | ⇌ South West Trains • 50分鐘 | Windsor and Eton Central |

| Victoria Coach Station (London) | Greenline 巴士701 / 702號 • 50分鐘 | Windsor |

*途經 Slough，終點站 Bracknell

推介景點

溫莎城堡
Windsor Castle
女 皇 官 方 居 所

伊頓公學
Eton College
貴 族 男 校

樂高主題樂園
Legoland Windsor
一 家 大 細 都 啱 玩

市內交通

巴士

溫莎市內有不同的巴士網絡，而往來火車站及 Legoland Windsor 之間亦有穿梭巴士，在**出發前可先上網查詢路線**。

網頁：
www.reading-buses.co.uk/greenline

觀光巴士

遊客也可乘坐市內的 Golden Tours 藍色觀光巴士，已包括各主要景點如 Eton College、Windsor Castle 等。每30分鐘一班車，繞市一圈約45分鐘，可以1天內任意上落 (Hop On Hop Off)。

地址：Theatre Road, Thames Street, Windsor

電話：020-7233-7030

時間：9:45am-4:15pm

費用：成人一日遊票價14英鎊，3至16歲小童一日遊票價7鎊

網頁：www.goldentours.com

的士

的士站主要位於火車站外的 Farm Yard、溫莎城堡外的 Thames Street、Maidenhead 車站廣場及 Ascot 車站廣場，可以在街上招手截車，亦可電召，車資按錶上計算。

Windsor
電話：017-5386-2020

Ascot
電話：013-4487-4237

Maidenhead
電話：016-2863-4311

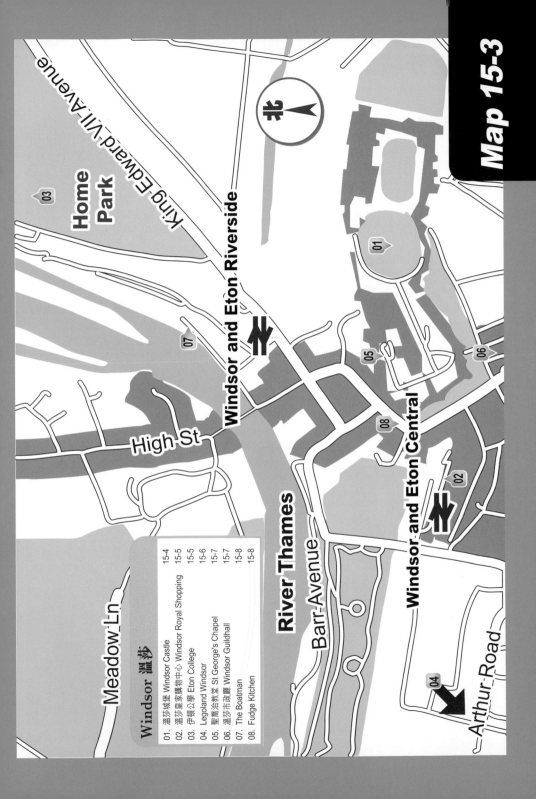

Map 15-3

King Edward VII Avenue

Home Park

Windsor and Eton Riverside

High St

River Thames

Barr Avenue

Windsor and Eton Central

Arthur Road

Meadow Ln

Windsor 溫莎

英國女皇的官方居所之一

01 ⭐ MAP 15-3

溫莎城堡 Windsor Castle

從 Windsor & Eton Riverside 站步行前往，約 10 分鐘，乘坐 City-Sightseeing 觀光巴士至第 11 站 Thames Street，下車步行 10 分鐘即達

東南區　西北區　牛津　劍橋　溫莎

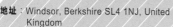

地址：Windsor, Berkshire SL4 1NJ, United Kingdom
電話：020-7766-7304
時間：3 月至 10 月 10:00am-5:15pm；11 月至次年 2 月 10:00am-4:15pm
費用：成人 26.5-28.5 英鎊，18-24 歲 17.5-18.5 英鎊，5-17 歲以下 14.5 英鎊，5 歲以下免費 (持 London Pass 可免費進場)
網頁：www.royalcollection.org.uk/visit/windsorcastle

⭐ INFO

作為英國女皇的官方居所之一，溫莎城堡是世界上規模最大的有人居住城堡。由宮殿、規模宏偉的禮拜堂以及眾多建築組成，遊客可以在城堡內遊覽喬治四世豪華的私人房間、沿途觀賞皇家珍，或是在瑪麗皇后的玩偶之家與眾多玩偶合影。此外，亦不可錯過聖喬治禮拜堂，並參觀安葬在這裡的英國君主墓地。

中央火車站旁的休閒天地

溫莎皇家購物中心 Windsor Royal Shopping

02 🔍 ⭐ MAP 15-3

從 Windsor & Eton Central 站出站即達，或乘坐 City-Sightseeing 觀光巴士至第 2 站 High Street，下車步行 5 分鐘即達

　　位於溫莎中央火車站旁的溫莎皇家購物中心，前身是建於19世紀的維多利亞火車站，1997年時被改建成一處購物商場，經過10餘年的發展，現今已經擁有40餘戶商家進駐，其中不乏 Links of London 等英國知名的品牌，此外還有一個美術館和手工藝市場，而眾多餐廳、咖啡廳則供人逛街之餘可以小憩片刻。

地址：Windsor Royal Shopping, 5 Goswell Hill, Windsor, SL4 1RH　　　**電話**：017-5379-7070
時間：週一至週六 10:00am-6:00pm；週日 11:00am-5:00pm　　**網頁**：www.windsorroyalshopping.co.uk ⭐ **INFO**

英國最有名的男校之一

伊頓公學 Eton College

🔍 ⭐ MAP 15-3　03

從 Windsor & Eton Riverside 站步行前往，約10分鐘，或乘坐 City-Sightseeing 觀光巴士至第 6 站 Slough Road，下車即達

　　伊頓公學於1440年由亨利六世創辦，本意是為了貧窮學生也能入校學習，但隨後皇室貴族子弟紛入學，逐漸成為一所名校。伊頓公學以「精英搖籃」、「紳士文化」而聞名，是英國皇室、政界經濟界精英的培訓之地，曾造就過20位英國首相，也是王子威廉和哈里的母校。伊頓每年約70%畢業生進入世界名校，被公認是英國最好的公學。

地址：Eton College, Windsor, SL4 6DW
電話：017-5337-0100
時間：週五 2:00pm 及 4:00pm（公眾導覽團 90 分鐘）
費用：10 英鎊，16 歲以下免費，不適合 7 歲以下參加
網頁：www.etoncollege.com ⭐ **INFO**

SouthEast
NorthWest
Oxford
Cambridge
Windsor

溫莎
WINDSOR

全球第二大 LEGO 樂園
LEGOLAND Windsor Resort

04 🔍 ⭐ MAP 15-3

🚌🚗 從倫敦 Paddington 或 Waterloo 車站乘火車到 Windsor Eton Riverside 站，出站後往斜對面坐 Shuttle Bus，5 英鎊／位，約 20 分鐘或從倫敦 Victoria 火車站乘 702 號巴士直達樂園，約 1.5 小時

⭐⭐⭐

東南區
西北區
牛津
劍橋
溫莎

　　位於溫莎區的 LEGOLAND 是全球第二大的 LEGO 主題公園。園內有不同主題的遊樂區，分別為迷你王國、法老王國、水上樂園及冒險樂園，全部都以 Lego 打造而成，更有多個國家的迷你縮影區，顏色七彩繽紛、十分逼真可愛。喜愛刺激的，樂園內設有以 Lego 為主題的過山車、海盜船等機動遊戲。Lego 迷更可入住花了 3 年時間設計，以 210 萬粒 Lego 打造而成的 LEGOLAND Castle Hotel 城堡酒店，設計分別為歐洲古堡及迪士尼公主城堡，每個房間內的布置，處處都充滿無限創意。

地址：Winkfield Road Windsor Berkshire SL4 4AY
電話：017-5362-6182
時間：10:00am-6:00pm（部份樂園 5:00pm，詳情請查詢官網）
費用：網上預訂：成人及小童 39 英鎊，3 歲以下免費
網頁：https://www.legoland.co.uk
⭐ INFO

聖喬治教堂 St George's Chapel

🚗 由 Windsor and Eton Central 火車站步行 10 分鐘；或乘坐觀光巴士至 Windsor Castle 站下車即達

屋頂上女王的野獸雕像。

聖喬治教堂位於溫莎城堡之內，由英王愛德華三世於14世紀建立，並在15世紀後期開始大規模擴建。教堂是哥德式建築的傑出典範，歷代許多皇家儀式，婚禮和墓葬都在此舉行。教堂的屋頂兩側上，有76個紋章雕像，被稱為女王的野獸「Queen's Beasts」，展示了英格蘭皇室的支持者，包括代表英格蘭的獅子，代表威爾士的紅龍及代表約克的獵鷹，非常有特色。2018年，萬眾矚目的哈里王子與梅根的婚禮，也選址這裡舉行，令教堂瞬間成為溫莎必遊的熱點。

⭐⭐⭐

⭐ INFO
地址：2 The Cloisters, Windsor　電話：017-5384-8723
時間：10:00am-4:00pm，週日不開放參觀
費用：包含在溫莎城堡入場費之中
網頁：http://www.stgeorges-windsor.org/

查理斯三世再婚場地　**06**　⭐ **MAP** 15-3

溫莎市政廳 Windsor Guildhall

🚗 由 Windsor and Eton Central 火車站步行 10 分鐘

溫莎市政廳建於1687年，原址本為玉米市場。在19-20世紀期間，市政廳曾展開了多次擴建，被評為英國一級保護建築。市政廳不但建築古雅，內裡兩個會議廳，更收藏了一系列皇家肖像，這些肖像由伊麗莎伯女王一世 (1533-1603) 至英女皇伊麗莎白二世，跨越5百多年。2005年，當時的查理斯王子與卡米拉選擇此處舉行婚禮；同年，英國第一對合法的同性婚禮也在這裡舉行，令市政廳更受矚目。

⭐ INFO
地址：Windsor Guildhall, High St, Windsor
電話：017-5374-3900　網頁：https://www.windsor.gov.uk/
備註：溫莎市政廳現時已活化為宴會廳，提供予公眾作各類宴會之用

SouthEast | NorthWest | Oxford | Cambridge | Windsor

河畔上嘆英國菜
The Boatman

07 ⊛ MAP 15-3

由 Windsor and Eton Riverside 火車站步行 3 分鐘即達

★★★

東南區 西北區 牛津 劍橋 **溫莎**

The Boatman 由 1829 年經營至今，是溫莎湖區最古老的餐廳和酒吧之一。位處於寬敞的河畔露台上，能欣賞到泰晤士河、俯瞰伊頓橋海邊景色，是當地人和遊客喜愛光顧原因之一。其次是食物方面，均採用當地供應商提供的優質食材，店主會因應季節變化而製作出時令菜式，確保能提供最好的食物給顧客。

地址：10 Thames Side, Windsor SL4 1QN
時間：10am-11:30pm，週日 11am-10pm
網頁：boatmanwindsor.com

電話：017-5362-0010

⭐ **INFO**

英國傳統甜品店
Fudge Kitchen

08 ⊛ MAP 15-3

由 Windsor and Eton Riverside 火車站步行 4 分鐘即達

Puddings系列有四種口味，售16英鎊。

在當地經營超過30年的 Fudge Kitchen 是英國的傳統甜品連鎖店，以售賣英國傳統糕點 Pudding、軟糖及各式朱古力而聞名。材料以天然成份為主，無麩質及大部分為素食，味道香軟幼滑，部份店舖更可看到軟糖製作過程，是喜愛嘗甜者必試。

地址：20 Thames Street Windsor, SL4 1PL
時間：10:00am-6:00pm

電話：017-5386-2440
網頁：https://fudgekitchen.co.uk/en

⭐ **INFO**

旅遊須知

1/防疫限制

英國現時入境沒有防疫要求，既不用接種疫苗，亦不用核酸檢測。但由英國回香港，仍要遵守香港的入境防疫要求：回港人士都要在起飛前24小時，把自行快測陰性結果申報衛生署，換取健康申報綠色二維碼，才可以登機。回港後也要記得遵守0+3檢疫守則。（截至2022年11月）

2/簽證

香港特區護照、澳門特區護照及英國國民（海外）BNO 護照持有人

可免簽證逗留 6個月，護照最少有效 6個月。

其他旅遊證件持有人

需自行上網填寫簽証表格及預約時間，並於約見當日準時親身前往領事館遞交申請，一般簽証需時約兩星期辦理。

英國駐港領事館

地址：香港金鐘法院道1號
電話：2901 3111
工作時間：8:45am-12:00nn；
　　　　　　 3:00pm-4:00pm；
　　　　　　 星期六、日及公眾假期休息
網址：www.gov.uk/government/world/hong-kong
簽證申請書下載網址：www.visa4uk.fco.gov.uk

旅遊證件網上備份

據筆者多年外遊經驗，出發前，宜預先將護照及香港身份證（再加上外遊保險單）透過電腦掃瞄備份，然後發電郵給自己（絕不能放上網上相簿）。若不幸遺失證件，此等資料將有助你快速補領！

3/ 貨幣

　英國使用的貨幣是英鎊（£），單位為英鎊(Pound)和便士(Pence)，1英鎊等於100便士，1英鎊＝8.9港元(截至2022年11月)。其中，紙幣的種類為5英鎊、10英鎊、20英鎊和50英鎊，而硬幣則分為1便士、2便士、5便士、10便士、20便士、50便士、1英鎊和2英鎊。

　連鎖兌換外幣公司、銀行和郵局都可兌換外幣，可先比較匯率。另外，也可以使用英鎊旅行支票，在大多數的酒店裡都可以代替現金支付。不過最方便的還是信用卡，英國的大多數商業單位都備有刷卡機，使用非常方便，也可以避免攜帶大量現金的危險。

提款卡海外提款

　由2013年3月1日開始，所有信用卡／提款卡的海外自動櫃員機（ATM）每日提款限額（包括現金透支）及每日轉賬額將應**香港金管局要求被設定為港幣0元！**

　旅客若打算在海外自動櫃員機進行提款，**應於出發前向有關發卡銀行進行啟動 ／ 激活。**

銀行卡進行啟動

4/天氣

月份	季節	
3月至5月	春天	氣溫開始轉暖，不過還是要準備好禦寒的衣物，也要準備好雨具。
6月至8月	夏天	一定要注意避暑和防曬。因為早晚溫差較大，所以最好預備好外套，以免感冒。
9月上旬至11月	秋天	涼爽宜人，也很適合旅遊，只是需要注意天氣預報，碰到寒潮或者氣溫驟降的時候提前準備好保暖的衣物。
11月至次年2月	冬天	寒冷而多雨，日照時間也較短，每天只有7-8個小時是白天。

5/時差

英國位於零時區，與香港的時差是8個小時，而到了夏天的時候，實行夏時制的英國則會提前一個小時，與香港相差7個小時。

6/住宿

英國的酒店出於環保因素的考慮，是不提供牙刷、牙膏、拖鞋等洗漱用品的，必須自備。這裡的自來水可以直接飲用，在房間裡也會準備煲水的器材。

7/電壓 方腳三孔

英國的電源電壓為220-40伏，大多數香港220伏的電器都可以使用，插頭與香港一樣是方腳三孔，所以不用另配萬用插頭。

8/其他

英國在某些場所有給小費的習慣，一般英國餐廳已包含服務費。假如帳單若不包括，則會給總金額5-15%的小費。而搭乘黑色計程車的小費平均為10-15%，飯店的行李服務員小費是每個行李箱1英鎊。

9/電話

英國的IDD Code 為44，主要城市的區號包括：

英國城市的區號				
Bath 1225	Cambridge 12235	Cardiff 29	Edinburgh 131	Glasgow 141
Liverpool 151	London 20	Manchester 161	Nottingham 115	Oxford 1865

有用電話 　**警察、火警、急救：**999　　**全國電話查詢：**100
　　　　　　中國駐英大使館：020-7299-4049

10/ 流動數據

同 Wi-Fi 蛋比較起來，數據卡最大好處是便宜、慳電，可以每人一張卡。在香港較易購買的英國流動數據卡，主要是3UK、O2英國及 Vodafone UK，都是全國通用，網絡質素亦沒有明顯的差別，要選哪張還看日數、數據使用量及價錢。

O2英國30日 / 6GB（無限英國通話，免費歐洲漫遊數據）
參考價HK$98

3UK英國30日 /25GB（無限英國通話，免費歐洲漫遊數據）
參考價HK$148

11/ 主要節日

1月1日	元旦(New Years Day)
復活節前星期五	耶穌受難節 (Good Friday)
3月21日-4月25日	復活節 (Easter)
5月第一個星期一	五月節 (Early May)
5月最後一個星期一	春假 (Spring Bank Holiday)
6月22日	仲夏夜 (Midsummer's Eve)
8月最後一個星期一	夏季公假 (Summer Bank Holiday)
10月31日	萬聖節 (Halloween)
11月5日	英國煙火節 (Guy Fawkes Day)
12月25日	聖誕節 (Christmas Day)
12月26日	聖誕節翌日 (Boxing Day)

Guides 自遊系列
《 倫敦 》

出版經理：馮家偉

執行編輯：Gary

美術設計：Windy

出版：雋佳出版有限公司

電話：852-5116-9640

傳真：852-3020-9564

電子郵件：iglobe.book@gmail.com

網站：www.iglobe.hk

港澳發行：一代匯集

電話：852-2783 8102

網站：gcbookshop@biznetvigator.com

台灣發行：大風文創股份有限公司

電話：886-2-2218-0701

國際書號：978-988-76676-0-5

初版日期：2022年12月

定價： 港幣108元　台幣420元

Guides PUBLISHING LTD.

Rm 25, 8/F, Blk A, Hoi Luen Industrial Ctr,55 Hoi Yuen Rd, Kwun Tong, KLN